ビジネスは、毎日がプレゼン。

Everyday, Everytime Presentation
By Ryusuke Murao

村尾隆介

同文舘出版

ごくごく短い距離のパット。

そのパットを沈めるかどうかで、
一夜にして地位、収入、名声など、すべてが変わる。

選手生活の中でプロゴルファーたちは、
何度もそんな瞬間を迎えます。

明暗を分けるその差は数ミリ。
その数ミリで、人生が変わります。

私たち社会人も同じです。
たったひとつのプレゼンテーションが、

会場の一番奥や両端まで
しっかり見渡しながら

あなたの社内での立場とキャリアを、
その日から変えてしまうかもしれません。

それだけで会社の将来と未来の収入が
決まってしまうかもしれません。

何気なく行なっている毎日のプレゼン。

それらはすべて人生がかかった、
プロゴルファーのパットと同じです。

その一回のプレゼンで、人生は逆転可能です。
その一回のプレゼンが、成功への分岐点です。

森の中で吹くような風の音をBGMで
流せたら最高!

声に強弱を
つけること

後半に向けて、会場全体を
明るくしていく

成功とは、今よりもあなたが幸せになること。

この書籍がひとつの小さなきっかけとなって、
あなたの社会人としてのキャリアが、
より幸せなものになることを、
心よりお祈りしています。

このビジネスの世界で、
あなたが残した伝説のプレゼンについての噂を、
いつかどこかで耳にするのが今から楽しみです。

スタッフ全員が
最高の笑顔で

①室温にも注意！

OPENING

一瞬にして心を揺さぶる

私の友人でプロゴルファーの桐林宏光《ひろみ》さんは、講演会でステージに登場するときに、クラブが入ったままのゴルフバッグを自らかつぎ、それを壇上の横にドンと置いてから、トークをはじめます。これが彼女のスタイルです。

もちろん、このアクションは笑いを誘い、一瞬にして会場のハートをつかみます。

同じく私の友人で、ブランド戦略コンサルタントとして活躍する只石昌幸さんは、大の自転車好き。講演会のときも、数十万円かけてオリジナルペイントを施したミニ自転車を持ち込み、ステージの端から、わずかな距離ですが、わざわざそれに乗って真ん中へ行き、きちんと停めてから話をはじめます。

国際ジャーナリストである落合信彦さんは〝熱い男〟として全国に知られています。それを一瞬で証明するかのように、講演会ではステージに登場するや否や、しゃべりはじめる前にジャケットを脱ぎ、それを豪快に空中に放り投げます（それを受け取る人も、ちゃんとスタンバイしています！）。

アメリカの人気コメディアンであり俳優のビリー・クリスタルさんが、アカデミー賞の司会を務めたときのこと。

彼は、その頃、『シティ・スリッカーズ』という大人のカウボーイごっこを題材にヒットしたコメディ映画に出演したこともあり、のっけから本物の馬に乗って登場。颯爽とステージ中央で降りると、自分のポケットを探り、何やら小さなキーホルダーのようなものを取り出し、それを馬に向けました。

「ピピピッ！」と大きな電子音が鳴り響くと、会場は大爆笑。アメリカでよく見かける、クルマの盗難防止用のアラームを仕込んでいたのです。

優れたプレゼンやスピーチは、一瞬にして場の空気を整えます。最初の数分で〝自分ワールド〟に引き込み、聞く人をすっかり夢中にさせます。

プレゼンの場の空気は、しっかり話し手が統一する作業をしない限り、はじめは本当にバラバラです。私も普段のプレゼンの現場では、場の空気をまとめるために、毎回ありとあらゆる工夫をします。

プレゼン自体の時間が、どのくらいかにもよりますが、最初の5分。これで、ほとんどのことが決まってしまいます。もしくは、はじめの10％くらいの時間帯をどうするかで、すべてが決まります。

映画も、同じですね。約2時間という長さの中、たとえばそれが『インディ・ジョーンズ』のような冒険ものの映画であれば、最初は必ず派手な逃亡シーンや激闘シーンで、息もできないくらいにグッと観客を引き込みます。

インディが冒頭の30分を使って部屋に閉じこもり、「次の財宝探しは、どこに行こうかな？」なんて仲間同士で話しているだけだったら、観客は寝てしまいます。そのあと、どんなに面白い展開になろうとも、なかなか映画は盛り上がらないでしょう。

最初の5分にエネルギーとアイデアを集中させること。まずは、ここが肝心です。

この書籍は、あたかもリアルにプレゼンをしているかのように書きました。ですので、過去の私のどの本よりも口語が多く、リズム感を優先しています。「プレゼンをしているかのように……」と言うからには、今日も例外なく、会場の空気感を統一したいと思います。

今この瞬間、この書籍を読んでくださっている方のシチュエーションはさまざまです。電車の移動中に読んでいるかもしれない。職場のお昼休みに読んでいるかもしれない。寝る前にベッドの中で読んでいるかもしれない。カフェで人を待っているときに読んでいるのかもしれない……。

でも、皆さん、ちょっとこうしてみてください。本を閉じ、同時に目も閉じましょう。そして、なるべく細かい描写で想像してみてください、あなたが次のプレゼンで、最高のパフォーマンスを発揮している姿を。

そのプレゼンは自分にとっても最高に楽しい時間で、そんな姿を見て喜んでくれているのか、聞いている人の顔にも笑みが見られます。
場の雰囲気も終始あたたか。終わったあとも、多くの関係者から声をかけられ、あなたが大絶賛を受けています。

「伝わった」というたしかな感触を得て、その日はずっと興奮気味。いつものお店で軽く祝杯。それは苦楽を共にした仲間との、「今年ナンバーワン！」と言える達成感のある食事会でした。

家に帰っても思い出すたびに、ひとりで笑顔になってしまう……。いい意味で夜もなかなか寝つけない……、そんな姿です。

ほんの数ミリの努力と工夫の差で、この姿は、本当に現実のものとなります。本書は、プレゼンにおける、その数ミリの差をノウハウとしてまとめたものです。
あなたと聞き手がつながった瞬間をくっきりと思い描けたら、これで空気は整いました。さあ、はじめましょう！

ビジネスは、毎日がプレゼン。

「プレゼン上手」な人は、どこの会社でも重宝されます。プレゼン上手な営業職は、きっと成績優秀な人だと思いますし、プレゼン上手なマネージャーは、伝える技術があるので、よきリーダーとしても慕われていることでしょう。

プレゼンテーションは、コミュニケーション活動そのものです。

プレゼンに磨きをかければ、おのずとコミュニケーション力は上がるし、普段のコミュニケーション活動にブラッシュアップをかけていけば、それは「プレゼン上手への道」につながります。

つまり、働く社会人にとっては、まさに毎日がプレゼン。

こう発想していった方が、日々の仕事も、これからのキャリアも、もっとうまくいくのではないか、と考えています。

キャリアも人生もうまくいく、プレゼン上手の成功サイクル

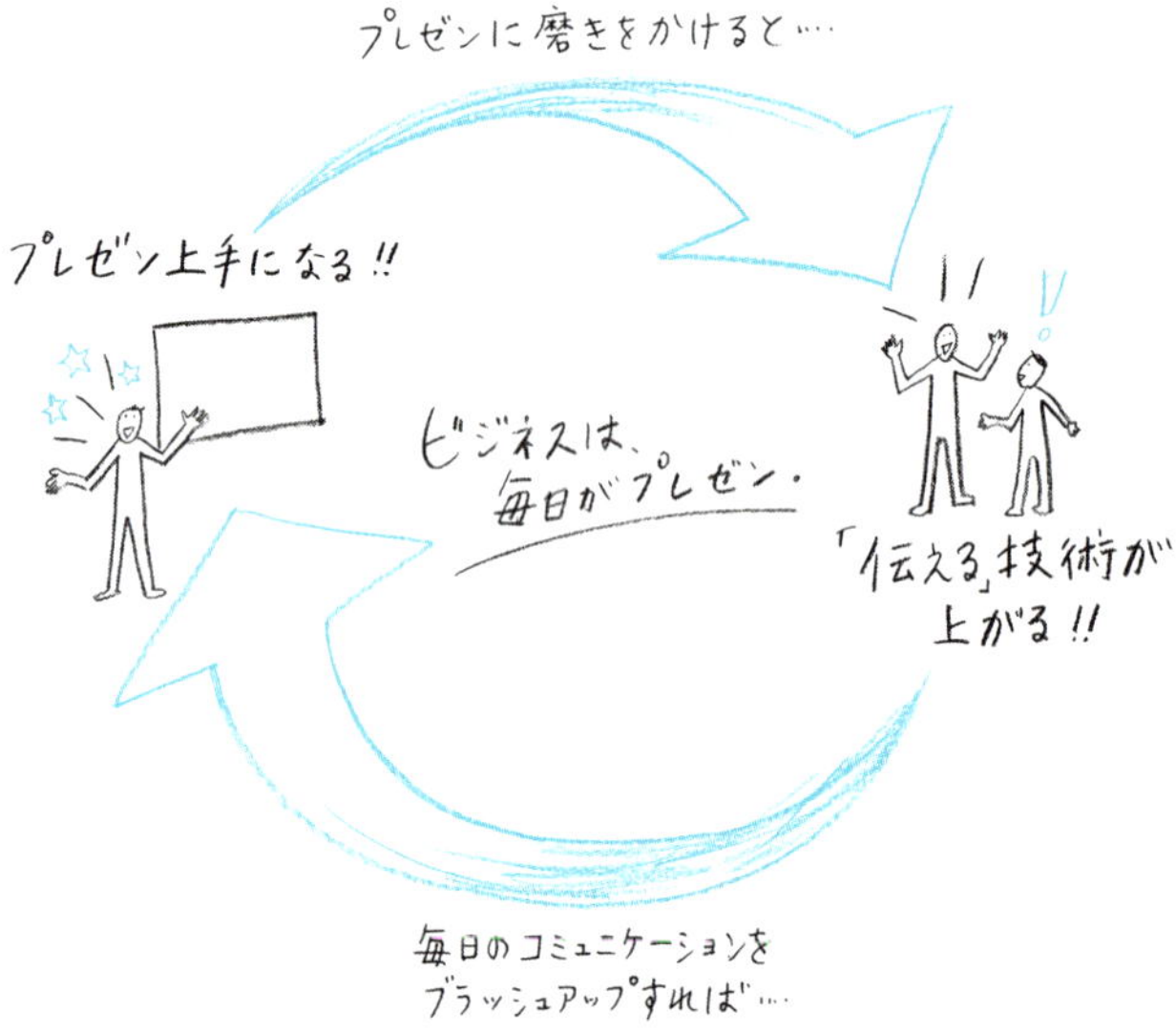
プレゼンに磨きをかけると…
プレゼン上手になる!!
ビジネスは、毎日がプレゼン。
「伝える」技術が上がる!!
毎日のコミュニケーションをブラッシュアップすれば…

プレゼンテーションは、
コミュニケーション活動そのもの。
プレゼンの成功率を高めることで、
日々の仕事もこれからの人生も、
もっとうまくいくはずです!

誰だって、伝えたいことが、相手にしっかりと伝わったときは嬉しいものですよね？

その成功率を高めることは、よりよい人生につながるはずです。

「日本人のプレゼンレベル」を上げるという使命感

私は過去の著書の中で、自分の使命感を、「日本にひとりでも多くの〝かっこいい大人〟と呼べるような人を誕生させる原動力になること」と書きました。

自分で勝手に設定した「社会からの任されごと」ではありますが、かっこいい大人が増えれば、それに憧れる次世代も次第に増える。そんな風にまわっていけば、この国の未来は、とても明るいものになる。そう強く信じて、これをライフワークにしています。

私が考える〝かっこいい大人〟の定義は、いろいろあるのですが、本書のトピックに関連したものでいえば、**「人前で堂々と、自分の言葉で話すことができる人」**も、そのうちのひとつです。

居酒屋で行なう送別会のスピーチでも、イベントで大勢を前にしたときでも、はたまた日本語がわからない外国人を前にしたとしても、少しもオドオドすることなく、また決まり文句を並べただけではなく、立派な振る舞いと自分の言葉で、聞く人の心を揺さぶることのできるような社会人が、今の日本にはもっと必要です。

海外での生活が長く、また社会人になってからも国際ビジネスの舞台で多くの時間を過ごしてきた私は、「日本人のプレゼンテーション力」や「日本人のコミュニケーション力」について考える機会が、これまでもたくさんありました。

結論としては、いろんなことが「もったいない」です。上手にプレゼンできないことによって損をしていることは、決して少なくないからです。

プレゼン上手になれば、自社の商品・サービスを、もっと広げていくことができます。成功を分かち合えるような最高のチームをつくっていくことができます。そして、日本と日本人のよいところを世界に、もっと知ってもらうことができるはずです。

これは決して重いテーマの本ではありません。なので、かたい話は、ここだけです。

日本で働く多くの社会人は、「プレゼンは嫌なもの。できれば避けたい。やりたくない」と考えています。

でも、そうやってひとりひとりがコミュニケーションから逃げていると、この先も日本の霧は晴れそうな感じがしません。

その反対に、ひとりひとりが「プレゼンのレベルを上げていく」という意識。そんな意識が芽生え、実際にそのレベルが上がれば、個人も、企業も、地域も、国も……、いろんなことが好転していく気がしています。

2011年初春

村尾隆介

あたたかいメッセージ

数年前に村尾さんのプレゼンを見たときには衝撃を受けました。そのときのプレゼンは、ロースクールで学ぶアメリカ人の学生たちに英語で行なったものでしたが、自信に満ち溢れたトークは聞く人を夢中にさせ、笑いに溢れ、会場は大喜びだったのを覚えています。

私は仕事柄、数多くのプレゼンテーションを聞く立場にありますが、彼のプレゼンには人を魅了する不思議な力があります。

テンプル大学 国際ビジネス教育 ディレクター　ウィリアム・スウィントンさん

村尾隆介さんのプレゼンは、どこがすごいか？　リズムがある、音楽がある、サービス精神が旺盛……。そして、大きい、小さい、聞く、話す、考える、止まる、早めるなどのメリハリ！　ジョークやユーモアがあり「遠い先生」の気がしない。世界の事例も、近所の事例も、たくさん知っているのが、話からよくわかります。

講演家にとどまらず、まさに「伝え方」のプロです。内容もそうですが、「オーディエンスの誰もが関心と興味を持つ」ということにかけては、今まで見た中で一番だと思います。

エンタメ性が高く、誰にでも楽しく、面白く理解できる。だからこそ、「小さな会社のブランド戦略ができるプロなんだ」と感じます。

株式会社ハー・ストーリィ 代表取締役　日野 佳恵子さん

軽妙なトークの中にありながら、心と頭にするどく刺さる言葉、ロジック。全体のストーリーの面白さを、さらに引き立てる細やかな演出。これほどエンタテイメント性に溢れ、「作品」としての完成度の高いプレゼンは他に経験がありません。会場全体がひとつの「劇場」になったような高揚感と満足感に包み込まれたことを、鮮明に覚えています。

SRR速読ラボ 主宰　寺田昌嗣さん

村尾さんのプレゼンは何度も聞いています。いつも終了する頃には新しいアイデアが浮かび、気持ちがリフレッシュできるのでリピートしています。

はじめは緊張感漂う会場も、彼の話が進むにつれ空気が和み、やがて誰もが彼の世界に引き込まれていく。構成、話し方、テンポ、場のつくり方……、多くの経験と自信、そして緻密な準備があった上で、聞き手を夢中にさせる「技」は素晴らしく、彼のプレゼンテーションに魅了されるファンのひとりです。

スイートプランナー（Sweet Ribbon 主宰）　隈部美千代さん

最初の10分で会場の空気が一気に変わったのが印象的でした。大きな会場でのプレゼンだったのに、村尾さんと会場のひとりひとりが相互的なコミュニケーションを形成しているように感じました。あのときのプレゼンは、今も自分の中に残り続けています。

学生（立教大学）　臼井宏太さん

OPENING

PART1

プレゼンにまつわる、新しい発想

PART 2

「見た目」そのものがメッセージ

PART 3

プレゼン力は、準備次第でまだまだ伸びる

PART4

大切なのは、最初の5分

PART5

トークの技術に磨きをかける、ちょっとしたアイデア

PART6

スライドづくりを研ぎ澄ます

PART7

プレゼン上手になるための、毎日の練習

PART8

プレゼン終了間際と、その後

ENDING

カバー　高橋明香（おかっぱ製作所）
イラスト　須山奈津希（ぽるか）
本文DTP　ホリウチミホ（ニクスインク）

PART1

プレゼンにまつわる、新しい発想

すべてのプレゼンは、エンタテイメントであるべき

「すべてのプレゼンテーションは、エンタテイメントであるべき」

これは私の講演やセミナーのどこかで、必ずスライドで紹介される一文です。私の長年の信条であり、実際に自分のプレゼンがそう感じてもらえるように、普段から努力と改善を、この言葉に基づいて今も積み重ねています。

単に「よかった」「勉強になった」だけではなく、それが60分であれば60分。90分であれば90分。**最後まで飽きずに、あたかもエンタテイメントを観ているような感覚で聞き手に楽しんでもらえるようにする。**これは、人前で話す機会があるすべての人に持ってもらいたい意識です。

人生は、言い換えるならば「時間」そのものです。人にプレゼンを聞いていただくとい

うことは、最も大袈裟な表現をするならば、その人の貴重な限りある人生の時間の一部を頂戴しているということになります。長い人生で考えれば、チリのように小さな時間かもしれませんが、その話がつまらなかったら、聞き手の時間を無駄に潰してしまうのと同じです。

相手の方は、その時間を使って、何かもっと他の有意義なことができたかもしれません。プレゼンを聞いている時間だけではなく、その場に来るまでの時間を考えたら、なおさらです。

「伝えるべきメッセージを伝える」というだけではなく、「この時間を楽しんでもらいたい」と考える。

私にとっては、すでに身に染みついた発想、もしくはそれ以上の〝礼儀〟のようなものになっています。

飲食店などで楽しそうに働いているスタッフを見るのは、つまらなそうに働いているスタッフを見るより、断然気持ちがいいと思いませんか？

プレゼンしている側が楽しそうに話すと、聞き手もなんだか得した気分になり、時間も

まずは、
自分が楽しそうに
人前で話すこと

>> これだけでも飛躍的に、あなたのプレゼンのエンタメ性は高まります。やるからには、とことん喜んでいただけるプレゼンをしましょう。

早く過ぎるような錯覚を覚えます。

「すべてのプレゼンは、エンタテイメントであるべき」を難しく考える必要はありません。「まずは、自分が楽しそうに人前で話すこと」、これだけでも、十分にプレゼンテーションのエンタテイメント性は上がります。

「いや、これは仕事なんだから、聞き手を楽しませるというのも、自分が楽しむというのも、ちょっと違うのでは……」と思う人もいるかもしれません。でも、人生の時間の8割は、よくも悪くも仕事に費やします。毎日の仕事を自分の力で楽しくしていくためにも、この発想は大事です。

「人前で話すこと」だけがプレゼンじゃない

普段から何気なく使っているカタカナ語も、実際の英語での意味と照らし合わせると、また違った発想やイメージが、そこから生まれたりするものです。

「プレゼンテーション」という言葉も、日本では「人前でパワーポイントを使って発表をする」という理解が普通です。でも、英会話の中で「プレゼンテーション」といえば、それは**「見せ方すべて」**のことを指します。

ですので、店内のディスプレイや陳列は、そのお店にとってのプレゼンテーションです。ショーウィンドウは、そのデパートのプレゼンテーション。ショッピングしながら、「ここのプレゼンテーションの仕方はうまいね！」なんて会話になるのは珍しいことではありません。

その反対に「プア・プレゼンテーション」という言葉もあります。直訳すれば、「貧相なプレゼン」。つまり、「プレゼン下手」ということです。

飲食店でいえば、魚介類の鮮度を売りにしているお店なのに、店頭やトイレに貼ってあるビールのポスターが色褪せてボロボロ、起用されているタレントの名前も思い出せない……、そんなところだったら「衛生面とか大丈夫?」と、見る人が見たら、ちょっと不安になってしまいます。言っていることと、やっていることがチグハグな、プアなプレゼンテーションの一例です。

プレゼンテーションとは、「見せ方すべて」のこと

>> 人前で話すことだけがプレゼンではありません。こう発想するだけでも、プレゼンへの取り組み方が変わってくるはずです。

私は、空港なんかも、その国にとっての大事なプレゼンテーションだと思っています。訪れる旅行者が、最初と最後に「その国の印象」を得る場所が、大抵の場合は空港です。ですので、もしも日本が「ハイテクの国」と世界の人に印象づけたかったら、レストランからトイレに至るまで、国が資金面の援助をしてでも、徹底して日本的なかゆいところに手が届くテクノロジーを随所に散りばめるべきです。それを体験した旅行者は、自国に帰って、必ずや「すげぇぜ、ニッポン！　空港の中にさ……」と、多くの人に話してくれるはずです。

話が逸れてしまいましたが、ポイントは**「人前で話すことだけが、プレゼンではない」**ということです。「見せ方すべて」が、プレゼンです。

こう考えると次回のプレゼン時も、「ただ話すだけ」「情報を伝えるだけ」では、ちょっと足りないかもしれません。

言葉だけではなく、見せ方すべてで「メッセージの伝達」を考える。プレゼンを上手にこなすための、新しい発想です。

ビジネスの現場は「伝える作業」で成り立つ

通訳者を国際会議や記者会見に派遣している会社の社長と話していたときのことです。通訳や翻訳をしてくれるネット上のサービスもよくなってきているので、今後の業界は一体どうなっていくのだろうという話題だったのですが、私は心配する必要はないと、こう言いました。

「同じ日本語を使う人同士でも、世代によってわかり合えなくなってきています。職場で困っている管理職の人もたくさんいますよ。大丈夫。今後は〝日本語の世代間通訳〟のニーズも出てくるから！」

もちろん、本当にここまでいったら世も末です。でも、そこまでいかなくても、コミュニケーション力の低下が招いている問題は、職場でも、社会でも、段々増えてきています。

よりよいキャリアのため、より高い収入を得るために、**「今、勉強すべきはコミュニ**

ケーション」です。

ビジネスの世界は、そのほとんどがコミュニケーション活動です。全部が「伝える」という作業で成り立っているといっても大袈裟ではありません。

お客さまに伝える、スタッフに伝える、上司に伝える、協力会社に伝える、地域に伝える、世間に伝える……。「伝える」を上手にこなせれば、ビジネスのあらゆる面がよくなっていくことは間違いありません。

プレゼンテーションも、もちろん「伝える作業」のひとつです。普段のコミュニケーションよりも、場所やら、時間やら、いろいろ制約が多いですが、れっきとした「コミュニケーション」です。

一見、一方的に話し手が伝えているような気もしますが、プレゼンの目的の多くは、事後、聞き手に「こちらが考えているように動いてもらう」というところにあるので、リアクションが伴うという意味では、これは双方向のコミュニケーションです。

この新しい発想が、プレゼンをもっと気楽に考えるきっかけになると嬉しいです。

OPENINGでも触れたように、プレゼンは簡単にいえば、ただのコミュニケーション活動です。コミュニケーション力を上げることで、あなたのキャリアや人生が、今よりさらによくなるならば、プレゼンもちょっと頑張っていける気がしますね。

やるたびに社会人として成長できる

国際会議を上手にリードする秘訣は、「中国人とインド人に発言を控えてもらって、日本人をちゃんとしゃべらせること」と言われるくらい、世界的にも「人前でトーク」という意味で控えめな私たち日本人。

「1を聞いて、10を知る」というような「察するコミュニケーション」が得意な日本人は、よく言えば「相手を感じる力」の持ち主です。

それはそれで素晴らしいのですが、国際ビジネスの現場では、残念ながら相手にその力がない場合が多いのです。だから、こちらが伝えるべきことは、しっかりと伝えないと、なかなかコミュニケーションはうまく成り立ちません。

日本でこのまま働いていても、明日からボスが外国人になる可能性もなくはない時代ですから、これは決して他人事ではないと思います。

「察する」といえば、こんな話もあります。日本人の家族は、子どもがある程度の年齢になるまで川の字になって寝ることが多く、両親がこまめに手を当てて、おもらしのチェックをします。赤ちゃんの方から主張をしなくても、自動的におむつを替えてもらえます。

一方、アッパーミドル以上のアメリカの家庭では、そうはいきません。病院から戻ったその日から、豊かな住宅事情も手伝って、赤ちゃんはひとりで子供部屋。おむつでも、空腹でも、両親に聞こえるように泣き叫んで主張をしなくてはなりません。

そして、この差が大人になると「トーク」や「主義主張」「コミュニケーション術」にも表れるという興味深い話です。


では、アメリカ人が、誰でも人前で話すことに緊張しないかといえば、そんなことはありません。やっぱり、「できればプレゼンはしたくない」と思っている人も少なくないです。でも、アメリカの企業は、原則どこでも「アップ・オア・アウト」。つまり、「社会人として成長するか？　それとも会社を辞めるか？」という厳しい労働環境になっています。

日本の社会よりも遥かに積極的に「キャリアアップ」や「自分のスキルを磨くこと」に

取り組まないと、末路はクビか減給です。

だから、「プレゼンは嫌！」と言いながらも、どこかで切り替えて、こう考え直します。

プレゼンをするということは、**「社会人として進化できる、またとないチャンス」「自分の仕事をアピールする貴重な機会」**。

プレゼンは「プレゼン道」と言っても過言ではないくらい、心身を磨くにはもってこい。一般的な職場であれば「最も鍛えられる仕事」のひとつです。やればやるほど、社会人として成長ができます。

そう発想すれば、次のプレゼンも、ちょっとだけ楽しみになりませんか？

「自分を上手にプレゼンする」で、よりよいキャリアを

企業の寿命よりも、一般的な社会人として働く年月の方が長くなった現在。ひとつの会社にずっと勤めるのはおろか、スピーディに変化する世の中では、今いる業界自体がなく

なってしまう可能性だってゼロではありません。

幸か不幸か、今後、私たちは誰に頼ることもなく、各々がより強い責任感と積極性を自分の人生に向けて持ち、上手に転職やキャリアアップを重ねていかなければならないようです。


そのような時代において大切なのは、**いつでもどこでも、きちんと「自分自身を世間や周囲にプレゼンテーションできる」という能力**です。今の職場でそれができれば、もっと正当に評価されるかもしれません。

そして、その正しい評価は、きっと次のキャリアに駒を進めるのにも役立ちます。

「自分が、どう見られているか？」

「自分を、どう見せていきたいか？」

こういったことに日頃から興味を持っている人は、もちろん〝自分自身のプレゼンテーション〟も上手ですが、いわゆる〝普通のプレゼン〟も、やっぱりうまい場合が多いです。それはきっと見せ方全般に、普段から強い関心を持っているからです。

「自分自身の見せ方」にも、こだわっていこう

>> 自分自身の見せ方を研究すれば、プレゼンも、キャリアも、今よりきっとうまくいきます。まずは、自分をよく知ることからはじめましょう。

その意識を持つだけでプレゼンもキャリアもうまくいくなら、乗らない手はありませんね。一石二鳥な新発想。それは、「よりよいプレゼンをするために、まずは自分自身をよりよく見せていくことに興味を持つ」です。

これがしっくりこなければ、こう言い換えても構いません。

「いいプレゼンをするために、まずは自分自身をよく知ること」

ちなみに、フランスの哲学者で大変な美食家でもあったサヴァランは、こんなことを言っています。

「どんなものを食べているか教えてくれたら、君がどんな人間か当ててあげよう」

私も常々思っています。食事の好みや食生活、食事中のマナーも、その人を表すプレゼンテーションだな、と。

PART 2

「見た目」そのものがメッセージ

服装はメッセージ

これはプレゼンテーションのノウハウに関する書籍です。当然のことながら皆さんは、きっと「話し方」について知りたくて、この本を手に取ってくださったのだと思います。でも、PART1でもお伝えした通り、いいプレゼンをするためには、まずは自分自身をよりよく見せていくことを意識した方がいいです。だから、あえてこの章を設けました。

服装もまた、話し手からの大事なメッセージです。

ですので、この本を、ファッションや、全体的なルックスのことからはじめていきたいと思います。これはプレゼンをする機会がある人たちすべてに関係する話です。

最近、あるイベントで、たくさんの方々のプレゼンを次々と聞き、それをジャッジする仕事をしました。その中に、子どもたちの未来について語る30代くらいの男性がいました。およそ10名程の子どもたちもステージに登場し、会場は一気に和やかなムードに。話し方も上手でしたし、内容も、とてもよかったです。

が、そのプレゼンをした男性がしていたのは、眩しいくらいに輝いている石が散りばめられた大きな腕時計。そして履いていたのは、夜の繁華街を連想させるような派手めな靴でした。

10分程度のプレゼンでしたが、その間に、私の目線は何度もそれらに向けられました。そして、彼をいざ評価しなくてはならないときには、「本当に子どもたちの未来を考えているのだろうか?」という迷いにまで発展してしまいました。

たとえ、その男性が普段している格好が、そういった系統であったとしても、このプレゼン時には控えておく方がよかったと思います。たとえ、そういう服装が好きでも、その日のプレゼンの内容を考え、「メッセージを正しく伝えること」を優先するべきだったと思います。

ポイントは、「好きだから、これを着る」ではなく、**「よりメッセージを強く、正確に伝えることを考えて、これを着る」**です。

もちろん、「普段のままの方が自然」という考え方もあるかもしれません。でも、伝えたいメッセージと普段の格好にギャップがあれば、プレゼン自体を失敗するリスクは高まります。

アメリカの大統領も、強いメッセージを伝えるときは、決まって発色のいい赤のネクタイです。

日本のアニメの版権を海外に販売する仕事をしている私の友人は、とてもスタイリッシュで、普段からファッションが大好きなタイプです。でも、営業目的のプレゼンをしに行くときは、そのアニメのキャラに合わせたコスプレでプレゼンに臨みます。極端な例ではありますが、これも**「自分の好き」ではなく、「メッセージ優先」**ですね。

プレゼン以外に、「ひとりの人が、ずっと見つめられる」という機会は、社会人生活の中で、そうそうありません。靴から、ツメから、髪の先まで、大勢の人に見られるのは、こんなときしかありません。

だから、とことん考えていきましょう！　あなたのメッセージを、しっかりと伝えるような服装を！「新たに買わなくてはいけない」という投資の必要性が出てきたとしても、それでプレゼンが成功し、あなたのキャリアが上向くならば、そうするべきだと思います。

メッセージを正確に伝えるための服装を心がける

>> あなたが着ているものも、あなたからのメッセージです。口頭で伝えている情報を後押しする服装を、とことん考えていきましょう。

まずは「メッセージの伝達」が優先されるべきことですが、それと同時に、私はよく「部屋に入った瞬間、『誰がプレゼンをする人なのか』が、一目でわかるような華がないといけない」とも、よくアドバイスしています。

先ほどの「派手」とはまた違いますが、ある意味、**プレゼンをする人は、その日スポットライトを浴びるスター**でもあります。ほんの少しだけでいいので、「いつもの自分よりも、また聞き手よりも、少しだけパリッとしていること」を念頭に服装を選ぶと、自身の背筋を伸ばすのにも役立ちます。

たとえば、普段はポケットチーフを使っていない男性だったら、次のプレゼン時には、それをサッと胸のポケットに差し込んでみるとか、いつもよりもビビッドな色で、力強さを感じられるボリューム感のあるネクタイを締めるのもいいですね。

女性であれば、普段履いているものよりも〝できる感〟があるヒールを選ぶとか、季節感を表現するための小物を意識して使っていくなど、小さなファッションアイテムを上手に活用して、自分に華をそえるようなことは、いくらでもできると思います。

ちなみに、国際ビジネスの舞台では、服装が思わぬトラブルを生むこともあります。

たとえば、水玉のネクタイは、アメリカでは「ソフトで優しい」、悪く言えば「優柔不断な人」というイメージが一般的なので、強いリーダーシップを発揮する立場にいる人が締めるのには不向きと言われています。

サイズが合っていない大きめの服を着ていれば、それだけでも「頼りない」と思われるかもしれません。逆に、腕まくりをすれば（まくり方にもよりますが）、「やってやるぞ！」という勢いのようなものを印象として受け手に与えるので、そういった意味では着こなしも、またメッセージですね。

「ツメ」と「香り」と「リップ」の話

ファッションの話の続きですが、プレゼンをする人は緊張していることもあり、男性も女性も、いつもより汗をかく可能性が高いです。しかも、それも大勢の人前で！

それが顔ならば、聞く人を目の前にしても、清潔感のあるハンカチで王子さまのように拭えば、それで問題ありません。

でも、ワキの下は、そうはいきません。シャツやポロシャツでしゃべるならもちろんのことですが、ジャケットを着ていてもわかってしまうほど、汗をかく可能性があるのがプレゼン。パッドなどで対策をして、**見ている人を注意散漫にさせない**ようにしたいです。

選挙戦でテレビ討論が用いられたのは、ケネディとニクソンのものがはじめてです。当時、音声のみでこの討論を聞いていた人は、その内容からして「これでケネディは負ける」と思ったそうです。でも、実際の勝者は、ご存じのようにジョン・F・ケネディ。理由は、テレビで観ていた人がニクソンの顔色から、ひどく疲労した印象を受けたこと。そして、大量に汗をかいていたニクソンに「焦っている」「重要な局面に弱い」という印象を受けたことだと言われています。

この話を教訓に、男性もプレゼン時には、ぜひ汗対策・皮脂対策をしていきたいですね。プレゼンをする直前に、コンビニでもよく売っている顔用のウェットティッシュや、あぶらとり紙を使ったり、トイレに行ってハンカチや手を拭く紙で、軽く顔を押さえたりするだけでも、ずいぶん見た目に差が出ます。

また、話し手の意外と見られている部分といえば、唇です。口が動いているので、自然と注目されるのでしょう。しゃべっている最中だけではありません。プレゼン後の談笑でも、そこは何かと視線が集まります。だから、いつもよりも念入りにリップやグロスを使って、しっかりうるうるにしておく方がいいでしょう。

たとえ、どんなに細部に気を遣ったプレゼンをしても、カサカサの唇で話してしまうと、「100−1＝0」です。そのマイナス1点が、すべてを台無しにしてしまいます。「弊社にお任せください」と、どんなに力強くプレゼンしても、これだけで「自己管理もできていない人に任せて大丈夫かな？」と、受け手を不安にさせることもあるのです。

それと同様に、話し手の指先も注目を集める対象です。ツメを切るのはもちろんのこと、男女かかわらず、いつもよりも入念なケアが前夜と当日にあると、とてもいいと思います。

これは話している途中というよりも、その前後です。話し手は、資料を配ったり、名刺交換をしたりという機会が、会場にいる他の誰よりも多いです。

そして、香り！　プレゼン後の話し手は、唾液がないドライマウスの状態です。にもかかわらず、立場が立場だけに、その日は人が次から次へと話しかけてきます。

ですので、素早くできる口臭ケア。これはあった方がいいです。ビジネスの現場で「ガムを噛む」は印象がよくないので、小さなタブレット型のミントやフィルム、もしくはスプレータイプのものをポケットに忍ばせておき、プレゼン後、人目につかないようにサッと口にするのがスマートです。

男性であれば、体臭対策も必要です。プレゼン後には、至近距離で話をする可能性もあります。そこで「汗くさい」なんて思われたら残念です。

とはいえ、「フレグランスをたっぷりつける」という対策も、日本では印象がよくありません。そこでおすすめしたいのが、フレグランス系のボディローションを使うこと。全身に使えば、長時間、相手に不快な思いをさせない程度にふんわり香ってくれます。

「本当に、ここまで普段からやっているの？」と思われる方もいるでしょう。やっているんです、本当に！ 細かいことかもしれませんが、プレゼンをする機会が多い人なら、きっと「わかる、わかる」とうなずいてくれると思います。

……と、ここまでやっておきながらも、私がよくやる失敗は「チャックが開いている」です。これは男性にとって、マイナス1点どころのダメージではありません（笑）。

こんなことにならないためにも、一緒にプレゼンを行なう仲間が、**互いの服装や見た目に注意を払い、その場で軽くアドバイスをし合えるチームワーク**があることが好ましいです。

そのアドバイスは服装だけではなく表情にも及べば、なおベター。プレゼン前に、あなたの表情がかたまっていたとしても、「表情かたいよ。楽しんでいこう！」と声をかけてくれるチームメンバーがいれば、それだけでもずいぶん違いが出るものです。

道具に投資する

「服装を含めた全体的なルックスに投資をするのもプレゼンのうち」とお話ししたついでに、プレゼン道具についても、ちょっとだけ付け加えさせてください。

プレゼンで使う道具といえば、ＰＣや、それをつなげるプロジェクタをはじめ、いくつか定番のものがあります。その中でも聞き手がよく注目するのが、レーザーポインタ。赤の光線でスクリーンを指す、あれです。最近は、緑色のレーザーもあります。

先進的な内容をプレゼンしながら、使っているのが昔ながらの指し棒、なんていうのも、狙っているならオシャレですが、できればそこはレーザーポインタが好ましいです。

しかも、話し手がいちいちPCのキーボードを叩かなくても、パワーポイントのスライドを次に進めてくれる、手元ですべてが操作できるリモート機能がついたものがおすすめです。お店によっても異なりますが、大型の電化製品量販店に行けば、「スライド送り機能」がついたレーザーポインタを、2万円くらいから購入することができます。

このレーザーポインタとパワーポイントで行なうプレゼンと、自らキーボードを叩いてスライドを送る、もしくはPCのそばにいるスタッフに「次のスライドお願いします」と伝えないと次に進まないプレゼンとでは、聞き手を巻き込むパワーが違います。

それでは、ワンシーンごとに止まってしまう映画みたいなものです。余計なことにエネルギーを使わず、スムーズに流れるプレゼンの方が、当然のことながら、話には夢中になれるはずです。

もしも会社に用意がなければ、もしくは買ってくれそうにないのなら、自腹でも、この「マイ・レーザーポインタ」を揃えることをおすすめします。起業家・経営者なら当然。

勤めている人も、自前でいくべきです。

「自腹は、ちょっと……」という方も、中にはいるかもしれません。でも、この**ちょっとした投資がプレゼンの達人となるかどうかの分岐点**でもあると、私は思っています。年間、数回以上プレゼンをする機会があるのならば、ぜひおすすめしたいです。

実際に、私がそう伝えることで、「マイ・レーザーポインタ」を購入した人もまわりにたくさんいますが、「職場でプレゼンが得意と思われている」「プレゼンを、より頑張るようになった」と、より自分を奮起するのにも一役買っているようです。

自分に自信を持つために最善を尽くす

プレゼンの本なのに、どうして服装やルックスの話からはじめるかといえば、繰り返しになりますが、「見た目」もまた、あなたからのメッセージになるからです。

でも、そこには違う狙いもあります。**いいプレゼンに必要なのは「自信」**です。資料やトークだけではなく、「自分のルックスへ絶対の自信を持っていること」も、プレゼンの成功には大きく関わります。

肌が荒れているとき、人はあまり相手の目を見ないで話をします。その日は、自分のルックスに自信があまりないからです。

プレゼン時もそれと同じで、少しでもルックスへの自信が持てない理由があると、それだけで普段より小心になってしまいます。当然、これではよい結果につながりません。

「目鼻立ちがいい」とか、「スタイルがいい」という意味での「ルックスへの自信」ではありません。心身共に、「なんだかちょっと調子いいぞ」と思えること。そんな感覚を持ちながらプレゼンの日を迎えるのと、そうでないのとでは、聞き手のあなたを見る目が違います。

では、お聞きします。あなたは普段、どんなときに自信が高まりますか？　何をしたときに自信が高まりますか？　自分のルックス的なこと、また精神的なこと、どちらの方向からでもいいので、ちょっと考えてみてください。そして、その自信を高めるための〝何か〟は、プレゼン前にもできることでしょうか？

プレゼンテーションは、自分の自信を見せる場所

>> 自分の自信を高めるためにできることがあれば、すべてプレゼン前にやっていきましょう。その自信がプレゼンを成功に導きます。

女性だったら、それがネイルかもしれません。エステかもしれません。男性だったら、より自分を活発的に見せるために、日焼けサロンかもしれませんし、髪を切ることかもしれません。眉カットをすると、キリッとシャープな印象になるので、自信が高まるということもあるでしょう。

自分に自信が持てれば、話し手としてもしゃべりやすいですし、聞き手も聞きやすいです。**自信は、互いによい効果をもたらします。**

その中でも、まず着手すべきは、プレゼンに向けて、自分の「見た目」を整えること、そこに自信を深めることです。

見た目への自信と、プレゼンの自信。ここには密接な関係があります。

それでは、次の章からは、もっと具体的なプレゼンの話をしていきましょう！

PART 3

プレゼン力は、準備次第でまだまだ伸びる

準備を極めれば、誰でも今よりうまくなる

「練習で走った距離は裏切らない」、これはマラソンの世界でよく言われることです。プレゼンも、これによく似ています。事実、ヴァージン・グループの会長であるリチャード・ブランソンさんは、あれだけの立場になってもなお、たった数分程度のスピーチを念入りに時間をかけて練習するといいます。

前章でもお伝えしたように、プレゼンの良し悪しや、メッセージが伝わるか否かを決めるのは、話し手自身の「自信」によるところが大きいです。

自信を持ってプレゼンに挑んでいる話し手に、なぜか聞き手は納得してしまうところが少なからずあります。**プレゼンは、見方を変えれば「自信を見せる場」**ともいえます。

誰だってプレゼン前は不安です。本番の空気がどうなるか、聞き手がどんなツッコミを

してくるかなんて、誰にも正確には予測できません。

そんなときにできる対策といえば、**ありえないくらいしっかりとプレゼンの準備**をして、当日に「あれだけやってきたんだから大丈夫」と言えるようにすることです。それが自信に変わり、結果として聞き手が満足するプレゼンになれば、着地成功です。

今よりもプレゼンを進化させるため、もちろん「トークを磨く」「資料に工夫を加える」も大切です。でも、それよりも簡単に〝伸びしろ〟を伸ばす方法があるとするならば、今よりもっと時間とエネルギーをかけて真剣にプレゼンの準備をすることです。

これだけで、誰でもきっと今よりプレゼンはうまくなるはずです。

「伝えること」への労を惜しまない

私の友人は大学に入学するその前に、親から目の前に現金を積み上げられ、「これが学費だ」と、その4年間にかかる全額を見せつけられたそうです。これにより、一切の時間を無駄にすることなく、充実した大学生活を送ることができたといいます。

ある社長は、1年間に社内で使用した紙が、積み上げれば計算上3776メートル以上に達することを知り、それを社員に伝えるために富士山の絵を用いて説明しました。もちろん、それが単に数字で伝えるよりも、スタッフの心に刺さったことは間違いありません。

肌や体にやさしい素材を使うことで有名な、ある化粧品の会社では、一辺が30センチ以上もある、赤くて見た目も重たそうな立方体の模型をつくり、「これが知らないうちに、女性が一生の間に食べてしまう口紅の量」と、自社商品に注目が集まるようにプレゼンテーションしました。

また、2010年12月、メジャーリーグのミネソタ・ツインズに入団した西岡剛選手と共に記者会見に臨んだアメリカ人の監督は、小脇に『サバイバル・ジャパニーズ』という日本語を学ぶための書籍を抱えて登場。いかに自分が選手のケアに真剣かを、報道陣を含めた会場全体に一瞬で伝えました。

これらの小道具や仕掛けは、すべて用意するのに「時間がかかること」です。ともすれば、「面倒なこと」であり、プレゼンを可もなく不可もなく乗り切ろうとしている人にとっては、「そこまでやらなくてもいいでしょ」と言いたくなるようなことでしょう。

でも、大切なことを伝えるのに、その労を惜しんではいけません。その伝える側の情熱は、必ず聞き手の心を揺さぶります。**「どうしても伝えたい」というエネルギーが、プレゼンを成功に導きます。**

英語では、「Time shows.」といいますが、時間をかけてきたものは、おのずと受け手にわかるものです。そして、これらのことを聞き手が感じるか否かは、前出の例にあるようなツールの準備にあったりします。

プレゼン前にすべきことは、資料づくりと、スライドを用いての練習だけではありません。過去の事例、海外の事例、他社の事例、サンプル、模型、笑いを誘うための小道具……、これらを準備するのも、「伝える」を上手にこなすためには大切です。

プレゼンの準備期間を賢く使いながら、また毎日の「伝える作業」の中でも、アイデアを駆使しながら、ぜひこんなことにエネルギーを費やしてみてください。

ベクトルを合わせるためのポスター

同じ社内の他事業部や協力会社に向けて行なう対内的なプレゼンの現場で、たびたび起こるのが、必要のない無駄な対立です。

「面倒だから……」「うちの仕事じゃないから……」という理由から、もしくは「うちの方が上」「うちの方が偉い」という組織にありがちな力関係から、プレゼン時に「反対のための反対」を受けること、もしくはそれに近い空気を感じた経験がある人も少なくないと思います。私も、かつて勤めているときには、こういう場面に何度も出くわしました。

まるで完全に国民を無視して揚げ足を取り合っている日本の政治家のようですが、私からすれば、これも立派な「お客さまの無視」。会社やお店は、何かしらのモノやサービスを売って存続しているわけですから、お金を支払ってくださるお客さまを、ひとときも無視していいなんてことはないはずです。

私は自動車メーカーの本社勤務の人間だったので、それこそエンドユーザーからは非常に遠い位置で仕事をしていました。どこの会社でもそうだと思いますが、本社というのは意外とエンドユーザーのことを忘れがちで、それがしばしば、前出のような会議室での無駄な対立を生む原因にもなっています。

ですから、私は、このような場面が想定されるプレゼンを行なうときには、準備の一環として、こんなものを用意しました。

それは、**「実際のお客さまの写真とコメントを載せた、手づくりのポスター」**です。

プレゼン後のディスカッションなどで、ちょっとでもエンドユーザーを無視したような言動や、自分の部署のエゴを優先した発言が参加者から出てきた場合は、すぐに、「ほらほら、私たちは、このようなお客さまに喜んでいただくために、やっているわけじゃないですか！」と、会議室にあらかじめ貼っておいたポスターを指さし、全体のベクトルが顧客の方に向くようにしたのです。

このアイデアは、社内でも大変高い評価をいただきました。

ポスターに使った写真やコメントは、当時一緒に働いていた仲間に手伝ってもらいながら、週末などに収集していました。ちなみに、ポスターに載せたコメントの多くは、「御社のユーザーであることに、すごくハッピーです！　本社勤務の人たち、これからもがんばって！」という内容のものでした。

プレゼンにも必要なリスクヘッジ

プレゼン時にベストなパフォーマンスを発揮するためには、社会人も自らをプロアスリートのように考えていく必要があります。

プロアスリートは皆、試合当日の競技が行なわれる時間に向かって、心身共にピークがくるように、その前から逆算して準備・調整をします。

「プロアスリートのように、ストイックに食事制限をしよう」とまでは言いません。でも、大切なプレゼンがあるのなら、その数日前からは、少なくとも食当たりやお腹を壊すリスクが高いものは口にしない方が無難です。

プレゼンはひとりで行なうものではありません。それを聞く人がいて、はじめてプレゼンです。相手の予定と時間を頂戴している以上、来てくれた方のためにも、できる限りベストなパフォーマンスを見せたいものです。

食事に関していえば、プレゼンの直前にたくさん食べるのも、人によっては、それがパフォーマンスに悪影響を及ぼすことになります。

私もそんなひとりですが、お腹いっぱいの状態では声が出しにくくなったり、動きが鈍くなったりします。ですので、講演が夜ならば、「昼にたくさん食べておいて、夜は食べない」。また、それが午後1時からならば、「直前に食べない。食べても、その量を控えめに」と、アスリート同様、プレゼンでのパフォーマンスを最優先しています。

まずは「食事」という誰にでも関係するトピックを挙げましたが、プレゼンを任された人ならば、**「今できるベストなプレゼンを披露するために、しっかりとリスクを考え、あればそれに対処する」**という、プロフェッショナルな姿勢で挑むことが必要です。

たとえば、インフルエンザが流行する季節であれば、うがいや手洗いも、小まめにする。プレゼンの機会が多い人ならば、毎年の決まりごととして、予防接種をすることが望ましいです。

また、台風が迫っている時期に、どこかに出張してプレゼンを行なわなければいけないのならば、もちろん移動は早めにしておきましょう。可能であれば、多少コストがかかっても、前泊をする方が安心です。

それが冬に雪国で行なうものであっても、不慣れな場所であっても同じです。「移動」も、見方を変えれば、ベストパフォーマンスの前に立ちはだかるリスクです。

それから、プレゼンで使うＰＣや、その他の機材もリスクです。事前に動作の確認をしておかないと、大きな失敗を招きかねません。

たとえば、プロジェクタは、とても繊細な機械です。ちょっとのショックで壊れる可能性が高いプレゼンツールです。スライドを映し出すランプだって、消耗品ですから、切れることがあります。

本番直前まで、「壊れていることに気がつかなかった」なんてことにならないように、事前にスイッチを入れて動作確認をするくらい心配性であるのがちょうどいいです。

プレゼンのデータも、もちろんＰＣに保存しておくだけでは、ちょっと不安です。

いつもより焦るプレゼンの現場です。「移動中にＰＣをどこかにぶつけてしまい、動か

プレゼンテーションを成功させる鍵はリスクヘッジ

>> プレゼンの前に立ちはだかる、あらゆるリスクを想定し、それらを極力減らしていく。優れたプレゼンの陰にある努力と工夫です。

なくなった」「会場でコードに気がつかず脚を引っかけてしまい、PCが机から落ちて壊れた」ということは、少なからずあります。

データはUSBメモリだけではなく、CD-ROM、SDカードなど、さまざまな種類の記憶媒体にも複数保存しておくことが大切です。「読み取れない」「壊れた」「失くした」は、この手のものにつきものです。

もちろん、プレゼン資料は一般的に機密性が高いものですから、その小さなメモリたちをなくすことも、またリスクになります。このように、リスクは決してゼロにはなりませんが、**「極力ゼロに近づけていく」という工夫と努力**が大切です。

早め早めで、つまらないことで焦らない

「緊張しないんですか?」

大勢の方々の前で講演やセミナーを行なう私に、こう尋ねてくる人は多いです。私は、

いつもこう答えています。

「話すことの緊張はあまり感じないのですが、『機材が無事に動くかな』『忘れ物はしていないかな』ということへの緊張はあります」

私は、それが全国どこで行なわれるものであろうが、自分の講演・セミナーの会場入りを必要以上に早くしています（これは主催者の方々の間でも広く知られていることだったりします）。

その背景には、まさにこの緊張感があります。プレゼン当日は、早めに会場に入ってセットアップを済ませば、たとえ機材に不具合があっても、忘れ物があっても、（場所にもよりますが）なんとか対応が可能です。

ケーブルを忘れた……。ACアダプターを忘れた……。レーザーポインタの電池が切れている……。資料のコピーが足りない……。会場のPCが重くてスライドの動きが悪い……。会場のプロジェクタの輝度のせいで、遠い席からではグレイの文字がまったく見えない……。落とし穴は、どこにあるか当日まで誰にもわかりません。

だから、はじめから**「トラブルはあるものだ」という前提**で動き、その対応に備えるのがスマートです。

開始時間ギリギリで、つまらないトラブルシューティングに追われると、それまで準備してきたことや、練習してきたことが台無しになります。頭が真っ白になり、しょっぱなの演出のことや、仕込んだジョークのことも、すっかり忘れてしまいます。

こんなことにならないためにも、「プレゼン会場には早めに入る」「プレゼン前に予定をつめない」を、おすすめしたいです。

プレゼンの会場を自分で予約するならば（貸し会議室等）、その部屋はプレゼン開始時間からさかのぼって、かなり早い時間帯からおさえておきましょう。そこで多少のコストアップが生じても、それは保険料みたいなものです。

ここまで準備をしっかりやっておきながら、パワーポイントを動かすPC本体にACアダプターをつけるのを忘れ、プレゼンの最中にバッテリが切れて電源が落ちてしまうというアクシデントも、よくあります。注意していきましょう。

五感で考える会場づくり

「食べ物の味は、香りで9割決まってしまう」といいます。

また、国によっても異なりますが、日本であれば青は食欲減退を促す色。それが食品に使われていた場合、多くの人が「おいしそう！」とはならない色とされています（青を基調としている食品関係の皆さん、ごめんなさい）。

あるいは、皆さんも書店で経験があるかもしれません。思わず触ってみたくなってしまうような珍しい、または気持ちよさそうな紙質で印刷されている書籍が並んでいると、人はそれを手に取ってしまう傾向にあります。

一時期、スーパーマーケットでは、鮮魚売り場をはじめ、各食材が「もっと売れるように」と、その食材に関する歌がつくられ、それらがＢＧＭとして流れていました。

食材に限らず、曲のテンポと購買意思決定には密接な関係があるとされており、時間帯で店舗に流れる曲のジャンルを巧みに変えるところも少なくありません。

Jリーグ発足当初のこと。今ほどプレイの質も高くない日本のサッカーを、「なんとか魅力的に見せたい」と考えられたのが、「なるべく多くの試合をナイトゲームにする」というプランでした。ナイターの試合では、選手の動きが視覚的に、通常の1・5倍くらいスピーディに見えるそうです。

視覚、聴覚、触覚、嗅覚、味覚。ご存じのように、人には五つの感覚があります。ところが、プレゼンテーションの会場にいる聞き手の方たちは、「スクリーンで映し出されるスライドを見る」という意味での「視覚」、そして、「話し手の声を聞く」というところでの「聴覚」くらいしか、普段は刺激されていないのが現状です。

私の講演では、できる限り「空間を五感で整える」というポリシーで、会場を魅力ある場所にしていくようにしています。

プレゼンのテーマに合わせて、アロマやスプレーで、事前に軽く会場に香りをつける。

あるいは、せめて消臭する。受付を冷たい感じがする机を置くだけではなく、ちょっと触ってみたくなるような質感の布で覆う。用意するドリンクも、プレゼン内容に引っかけていれば、それだけでも話題になります（先日、宮崎県口蹄疫チャリティイベントを行なったときは、マンゴージュースやスコールなど、宮崎にちなんだものを用意しました）。

プレゼン開始を待っている時間が静かすぎないように、BGMを用意するのもいいかもしれません。これはプレゼンのテーマに合わせてもいいですが、たとえば参加者の平均年齢を考えた選曲も、ひとつのアイデアです。ビートルズで育った世代なら、それを流しておくだけでも、のっけからちょっとノッてくれるかもしれません。

なお、気になる著作権についてですが、日本では不特定多数が集まる場所で音楽を流すことは法律で認められていません。ですので、プレゼン会場に音楽を流すには、その場所に利用できる有線のサービスがあること、もしくは使う楽曲の著作権をJASRAC（一般社団法人　日本音楽著作権協会）から購入するというステップが必要になってきます。

「空間は、なるべく五感で考える」

これがすべてできるかどうかは時と場合にもよりますが、聞き手にとって「より印象に残るプレゼン」のためにも、ぜひ頭の片隅に入れておいてください。

「笑い」と「感動」を生むための席順

本当に不思議なもので、同じ内容のプレゼンをまったく同じ調子で行なっても、それを聞くグループの世代・性別・職種で、その盛り上がりは大きく異なります。また、そのプレゼンを行なう時間帯や曜日によっても、それは違いますし、会場のサイズや照明等も大きく雰囲気に影響します。

私の経験でいえば、同じプレゼンでも、学校の教室のように全員の机が話し手の方を向くように並べて話せば、その内容がどうであれ、聞き手はノートを自然にとることになり、〝お勉強会〟という雰囲気になりがちです。

そのプレゼンを、今度は机なしで、ただイスだけを並べて行なうと、参加者はノートをとるよりも、話し手自体に集中する比重を高め、その場はもっと〝エンタテイメント性〟が高くなっていきます。

他にも、たとえばホテルの宴会場のように天井が高い場所は、参加者にとっては解放的かもしれませんが、話し手として会場の空気に一体感をもたらすには、いつもより大きなエネルギーが必要です。感覚的な表現ですが、いい空気をつくっても、それが上の方に抜けてしまう気がして、「笑い」も含め、会場全体の感情をまとめるのにも苦労します。

逆に、狭いスペースに聞き手が程よくギュウギュウづめになっているような場所でのプレゼン。たとえば、会場のイスが足りなくて、臨時のものを急きょ隣の部屋から持ってくるくらいの感じ。こういった場所でのプレゼンは、意外と盛り上がったりするものです。

ポジティブな空気は、簡単に伝染します。ネガティブな空気も、また簡単に伝染します。しっかりと準備をして、自信を持ってプレゼンに挑むのならば、それは**ポジティブな空気を生む種が手中にある**ということです。

にもかかわらず、席のつくり方や、会場のつくりが原因で、それが聞き手から聞き手へと伝染しないのはもったいないことです。

だから、私は、早めに会場に入って、その日の聞き手の属性や男女比、会場のサイズに対しての人数など、さまざまなことを確認し、できる限り席や席順に改良を加えます。

たとえば、大きな会場に人がまばらに座ってしまうと、つまり席が飛び飛びで埋まっているような状態だと、笑いや感動は起きにくいです。隣の人の感情が伝わってこないからです。

そういう場合は、減らせるものならイスを減らしたり、座っていいエリアを狭めて、なるべく聞き手の間と間に空席が出ないような工夫を、現場のスタッフと突貫工事で行ないます。これをするだけでも、本番の盛り上がりは、だいぶ違います。

人数と会場のサイズが許すならば、常におすすめしているのが「コの字」や「ロの字」の形で席を組むことです。

日本には「仕事では笑ってはいけない」という風潮があり、明るく楽しいプレゼンを準備しても、聞き手の中のメンタルブロックが邪魔をして、笑いが思ったよりも小さくなってしまうことがよくあります。

でも、「コの字型」や「ロの字型」の席ならば、その笑いも大きくなります。他の出席者の顔が見えるので、普段あまり笑わない人も「ここは笑っていいんだ」となるからです。

これは、自分の力だけではなく、いわば出席者同士の力をレバレッジにして、場の空気をつくるという感じです。もちろん、話が感動的になったとしても、これは同じように機

いい空気づくりは、いい席づくりから

>> 同じ内容のプレゼンを行なっても、席順や席のつくり方次第で、盛り上がりは大きく異なります。

能してくれます。

私が会場に早めに入るのは、このように「席や席順にも工夫を加えることも、話し手の大事な仕事」と考えているからです。

使うものをハンディに配置

プレゼンテーションでは、話そのものだけではなく、聞き手の目に入るものすべてがメッセージとなります。話し手が何気なく壇上に置いている私物や、スクリーン横に無造作に積み上げられた資料も、望んでいようがいまいが、全部あなたから参加者へのメッセージとなって、何かしらの情報を発します。

ですので、プレゼンをする人の周辺が整理整頓されているに越したことはありません。

とはいえ、常に「スッキリさっぱりしているのがベスト」とも限りません。

「メッセージを伝える」に貢献してくれるツールは、聞き手の集中力を散漫させない程度、かつ計算し尽くされた状態で、話し手の周辺に置いてあっても構わないと思います。たまに自分のカギや財布をポケットから出して、それを参加者が見えるところに置いてプレゼンをはじめる人がいます。途中で財布の話に触れたり、それがお金に関するプレゼンなら、それもありかもしれません。でも、それがエコや社会貢献活動に関するプレゼンだったら、その財布は単に余計な想像を促すだけですね。

いずれにせよ、プロの仕事として一番よくないのは、資料などをプレゼンの最中に配布するときに、会場の雰囲気を壊してしまうくらいに、あたふたすることです。

それを避けるためにも、配布する資料や、プレゼンの途中で必要になるツールは、すべてハンディに取り出せるように、あらかじめセッティングをしておくことです。

複数の資料を配るなら、配布の順番通りに置いておく。何か実物を見せるのなら、それも見せる順番通りに置いておく。そこで、より大きなインパクトを与えたいのなら、その実物を見せないように布などを被せておく。料理番組と同じです。**限られた時間で行なうプレゼンだからこそ〝段取り力〟が大切**です。

細かい話かもしれませんが、〝段取り力〟には、この「プレゼンで使うものをハンディに配置する」も含まれます。

プレゼン当日の著者のカバンの中

レーザーポインタ
レーザーポインタ用の電池
壊れたときに備えて、
必ず2つ持っています

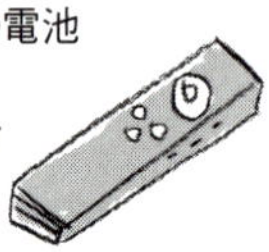

USBメモリ・CD-ROM
プレゼン資料のバックアップは
しっかり保存

iPod
プレゼン前の集中力アップにも

ガムテープ

コード類をまとめたりするのに
何かと必要

マスキングテープ
壁に資料を貼るときや
立ち位置を示すのに便利

携帯用ホチキス
「資料が足りなかった!」など
いざというときに活躍

名刺入れ&名刺
意外と忘れがちなので注意!

プレゼン会場までの地図
到着は、もちろん余裕を持って

リップクリーム、グロス
あぶらとり紙、フェイシャルシート
フレグランス系ボディローション
ミント(フィルム、スプレー、タブレットなど)
注目を集める話し手。入念な身だしなみ対策を!

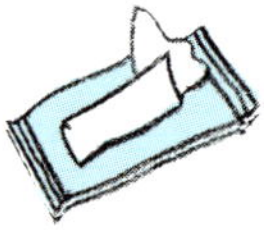

ハンドクリーム
資料配布時には手が注目されています

ひげそり&小さなハサミ
そり残しに気がつくのは、いつも外出先……

ハンカチ
意外と見られているのでセンスがよいものを

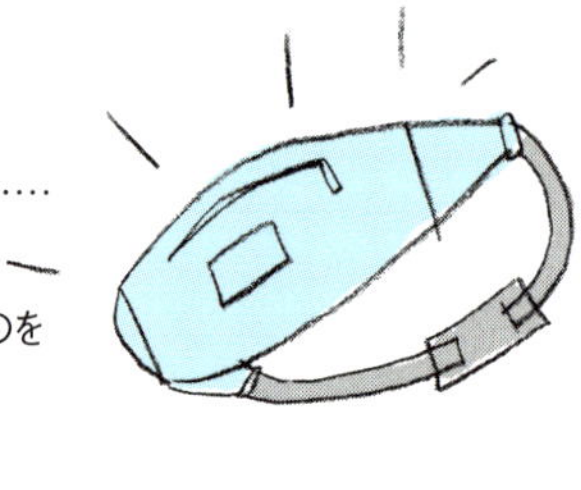

PART4

大切なのは、最初の5分

自分なりのルーティンとストレッチ

「プレゼンは最初の5分が肝心」というお話は、OPENINGでもお伝えしましたが、いよいよ具体的に、そこに触れていきたいと思います……が！　まずは、それよりもさらに前。誰もが緊張する「プレゼン直前」の部分からいきましょう！

講演家やビジネスリーダーのボイストレーナーとして大人気、私も普段から大変お世話になっている秋竹朋子さんは、「『声を出す』ということは、それはイコールで『息を吐く』ということ。だから、プレゼン前は、肺にたくさん空気を取り込み、たくさん吐き出す準備が大切」と言います。

そして、そのためには、とにかくストレッチ！　通路やトイレなど、聞き手の見えないところで、プレゼン前のストレッチを、ぜひ〝クセ化〟していきましょう。

私もいろいろ試してみましたが、肩の動きが軽やかになると、ジェスチャーや呼吸が楽になるので、肩。胸を大きく開けば、空気を大きく取り込めるので、胸。首も、柔らかくしておくと、表情も豊かになりますので、首。

また、信じられないかもしれませんが、滑舌をよくするためには、舌を伸ばしたり動かしたりのストレッチも大切です。顔全体をほぐして軽く叩けば、血色もよくなり、より活発な印象を与えることができます。

顔や上半身のみならず、下半身も大切です。脚の動きがよければ、プレゼンに躍動感が生まれます。……つまり、全身です（笑）。

いずれにせよ、ストレッチが、どのくらいプレゼンに貢献するかは、一度やってみると、よくわかります。次の機会に試してみてください。

また、ストレッチ以外にも、自分なりの**「プレゼン前に必ず行なうこと」**を、**早い段階で確立する**ことをおすすめします。スポーツの世界では、これを「ルーティン」といい、ある種の儀式のように行なわれてます。

たとえば、イチロー選手は、アメリカの野球ファンの間で「ルーティンマニア」と呼ばれるくらい、バッターボックスに入ったときの動作が、いつでも完璧に同じ。完全なる

「自分の決まりごと」にしています。プロゴルファーも、それぞれ自分なりの「ショット前のルーティン」を持っています。

ルーティンは、**強いメンタルを維持するために大変重要な役割**を果たします。プレゼンにも強いメンタルが必要です。となると、プレゼンを行なう私たち社会人にも、ルーティンがあってしかるべきです。

ちなみに、私のルーティンには、「講演やセミナーの小1時間前に、必ずリポビタンDを飲むこと」というものもあります。もちろん、それをあからさまに人前で飲むことはしませんけど……。

順番待ちのフィギュアスケーターのように

自分が滑る順番を待っている浅田真央さんの緊張感は、画面を通じても視聴者に強く伝わってきます。イヤホンを耳にしながら集中力を高めているあの姿を見て、滑る前から涙が出そうになるファンも多いと思います。

フィギュアスケーターに限らず、プロアスリートの中には、試合の前に必ず決まった音楽を聴く習慣がある人が少なくありません。先ほどのルーティンの話の続きですが、ぜひ、プレゼンも試合と考え、私たちも自分のテーマソングを選び、集中力とモチベーションを高めることをしていきましょう。**自分への応援ソング**です。

私の場合、それをエミネムの『Lose Yourself』にしています。白人ラッパーとして一時代を築いた世界的に大人気のアーティストですが、この『Lose Yourself』という曲は、彼がまだ無名ながら這い上がろうと、毎日もがき苦しんでいる頃のことを表現したものになっています。「一回一回のパフォーマンスを失敗したら、それでキャリアは全部終わってしまう……」という内容です。この曲が主題歌の『8マイル』という映画は、本人が主演しており、曲に関するエピソードや彼の半世紀についてもよくわかりますので、機会があれば、ぜひチェックしてみてください。

私がプレゼンをする日の移動中に、もしくは会場に入ってから、この曲を聴くのは、単に曲が好きだからではありません。この歌詞に自分を照らし合わせて、自らを奮起させるためです。

音楽の力は偉大です。ラグビーの世界では、ニュージランド代表・オールブラックスが、試合前に「ハカ」と呼ばれるマオリ族の戦士の唄と踊りを選手がグラウンドで相手チームを煽るように披露します。ラグビーのスキルだけではなく、あのハカもまた、大きな勝因になっていると言われています。

緊張をほぐしたいなら話しかけよう

「音楽を聴きながら、集中力を高める」とは、また違うテクニックをシェアしたいと思います。

緊張をほぐすためには、**プレゼン前に「誰かに話しかけること」**が、とても有効です。いつもよりも表情豊かに、大きな声でハキハキと。参加者でもいいですし、関係者でも構いません。プレゼン直前まで談笑をすると、緊張なく本番も上手にこなせることが多いです。

もしも、何人かが順番にプレゼンをするような日で、あなたが直前まで人と会話をしているというような状況ではない場合は、自分よりも順番が前の人のプレゼンの質疑応答時に、手を挙げて、何でもいいので「大きな声で発言をする」をしてみてください。

質問ではなくて、その人のプレゼンに対してのポジティブなコメントであれば、シチュエーション上、なおいいです。

実際に発声をして、声のウォームアップをし、顔の筋肉をほぐしておけば、それだけでも本番で言葉を噛みにくくなります。

緊張の面持ちでスタートし、筋肉がかたいためにプレゼンのはじめの方で噛んでしまうと、「このあと大丈夫だろうか?」と、さらに不安が増していきます。

プレゼンの現場でトイレに行くと、よく原稿をボソボソ読み上げて練習をしている人を見かけます。もちろん、何もしないよりかは絶対にいいです。

でも、問題は、その口の動き。その時点での口の動きが小さいと、本番での口の動きも悪くなってしまいます。

ですので、なるべくなら練習は、この時点ではとっくに済ませ、会場では談笑を楽しみながら、筋肉と緊張とほぐすだけに集中できれば、まず間違いありません。

ちなみに、プレゼンの練習も、**実際に同じ声のボリュームで何度も練習をしないと意味がありません。**資料が完成したあと、本番までずっとボソボソしゃべる感じで練習を続ける人がいますが、それは実は練習になっていません。本番の声量は、段違い。まったく別物です。

実際、勤めていた頃の私は、プレゼンの練習のために、ひとりでアイドルタイムのカラオケ店に行き、マイクを使って大きな声で練習をしたことが何度もあります！

この時点の笑顔で、ほぼ決まり

先日、あるプレゼン大会の審査員を務めたときのこと。数十名いる審査員が控室で事前ミーティングを行ないました。

でも、それがあまりにも重い空気だったので、私はそれが終わる直前に、全員に向かってこう言いました。

「今日プレゼンをする方たちは、今頃、大変な緊張をしています。我々がしかめっ面で彼らのプレゼンを聞いていたら、会場の緊張感はさらに高まり、練習してきたことを、ちゃんと披露できない人も出てくるはずです」

私よりもはるかに年上の審査員の方々が多かったのですが、「それも、そうだな」と、皆さんがしっかり受け止めてくださり、そのイベントは終始いい感じで進行していきました。

でも、あなたがプレゼンするときに、毎回こんなミーティングが、聞く側のメンバー同士で行なわれているとは限りません。

ですから、**プレゼンをはじめる前から、なるべく会場の空気を、あたたかいものにしていく**ための作業を、話し手自らがしていく必要があります。

プレゼンの場は、まるで生き物のようです。人は大勢集まっているのに、言葉を発している人は少なく、空気が張りつめているときもありますし、参加者同士が勝手に会話を楽しんでプレゼン開始を待ち、はじめから弾む空気がそこにある場合もあります。

この違いはプレゼンの内容や、そもそもの社風、その日の聞き手のタイプや世代など、

張りつめた
現場の空気を、
自ら事前にあたためる

>> プレゼンする本人や、チームメンバーの笑顔で、プレゼン会場の緊張感を和らげることができます。

いろんなことが影響していますが、当然のことながら、つくりたいのは後者の雰囲気です。その方が断然話し手にとってはしゃべりやすいです。

その空気をつくる秘訣は、話し手を含むプレゼン主催側が、はじまる前から、飛びきりの笑顔でいることです。

「ようこそ!」という気持ちを全身で表現し、部屋に入った人が「なんだかいいね、今日」と思えるような空気を、自らの努力と工夫でつくることです。

緊張している話し手ほど、しゃべる直前まで舞台の影にかくれてしまうことが多いのですが、自ら会場に出てホスピタリティを発揮し、ニコニコと自分も参加者との会話を楽しむくらいの方が、私の過去の経験上、ずっといい結果につながります。

この時点の空気で、もうプレゼンが成功するかどうかも決まっていると言っても過言ではありません。ポイントは、話し手をはじめ、**主催側全員が終始「モナリザスマイル」でいる**ことです。人を笑顔にしたいなら、まずは自分が笑顔でいましょう!

なお、特にコンペの現場では、話し手だけではなく、チームの全員が聞き手からよく観察されています。全体の男女比や年齢構成、服装などにも、細心の注意をはらいましょう。

成功は視野の広さにかかっている

吉本興業の元プロデューサーで、現在はフリーの演出家や、コミュニケーションの講師として全国で活躍中の眞邊明人さんは、普段から私もお仕事させていただくことが多く、一緒にいると学ぶことが多いのですが、あるとき芸人さんの動作について、こんなことを教えてくれました。

皆さんもご存じのように、「どうもぉ～」と、自分で拍手をしながら舞台に登場する芸人さん。重心を低く保ちながら、小走りで入ってくるのが一般的ですよね。

そして、話をはじめる、その直前！　芸人さんたちが一体どこを見るのかといえば、それは舞台から見て最も遠い、会場の一番奥の右端と左端。それぞれを時には自分の手で指し示しながら見ていくそうです。言われてみれば、たしかにそんな動作をしている気がします。

あの動作には、芸の最中も視野を広く保つ効果があるそうです。それを最初にやらないと、視野は、緊張から自然と舞台からさほど遠くない半径に止まってしまい、ダイナミックさに欠ける芸になってしまったり、会場全体を巻き込むようなエネルギーを発揮できないのです。

この話を聞いてからというもの、私もプレゼン時には、**第一声の前に、必ず話し手から見て一番遠い会場の右端・左端を見る**ようにしています。すると、たしかにプレゼン中、視野を終始広く維持することが可能になり、それが受け手にも自信を持って話しているように見られるようです。

視野に関して付け加えるならば、私は、なるべく聞き手と目が合ったときには、すぐに目をそらさず、そのままで話すことを心がけています。すぐに目をそむけてしまう話し手も多いと思いますが、目が合った瞬間こそ、相手の心とつながるチャンスです。

時間でいえば、「見つめ合ってる?」と思うくらいで構いません。しっかりと目を合わせれば、その人は、きっと話し手の味方になってくれます。

目線を合わせて、味方をつくっていこう

>> 目が合ったならば、それは聞き手を味方につけるチャンス。なるべく多くの人とアイコンタクトを試みてみましょう。

聞き手の方に対して失礼な言い方かもしれませんが、話し手が想像しやすいので、あえてこんな事例を使います。会場をオセロのように考えてみてください。ひとりの参加者と目が合うごとに、その方が味方になってくれる。これをひとりずつしゃべりながら繰り返し、最後に会場が、ほとんど白になる。こんなイメージでプレゼンをしてみてください。

温度は女性の動きを見て決める

寒いくらいにエアコンが効いた映画館では、それがどんなにいい映画であったとしても、鑑賞後は「面白かったけど、すごく寒かったよね」という会話になります。もしも館内が適温だったら、もっと集中して映画を観ることができたかもしれません。登場人物に感情移入することができたかもしれません。

プレゼンテーションも、これと同じです。あなたの話を、**部屋の温度が邪魔をするようなことがあっては、もったいない**です。

とはいえ、話し手と聞き手には、体感温度に差があります。どちらを優先するべきか？　もちろん、ここは聞き手の心地よさです。その中に女性がいれば、その方たちにとってのベストな室温に調整をしましょう。

プレゼンの最中に、女性がジャケットやカーディガンを羽織りはじめたら、そこが話を止めるタイミング。「ちょっと寒いですよね」と言いながら、エアコンの温度を上げるといいと思います。

ちなみに、プレゼン開始時の温度調整は、もっと難しいです。先に会場に入って待っている方と、はじまる直前に駆け込む方とでは、温度の感じ方が全然違うからです。

室温調整を気にしながらプレゼンを進めるためには、当然のことながら、しゃべっている最中のあなたに、**ある種の余裕が必要**になります。こういった技術が、あなたの総合的な「伝える力」となっていきます。

さらに付け加えるならば、お腹の減り具合も聞き手の集中力を左右します。夕方や、一般的な夕食時の時間にプレゼンを行なう場合は、各席にチョコレートやビスケットなどを用意しましょう。

順番とコンテンツを伝えよう！

プレゼンテーションがはじまったら、なるべく早い段階で、そのプレゼンの目次のようなものを参加者に伝えましょう。「今日のコンテンツは……」と、順番に話す内容を最初に示せば、聞き手も自然と集中力のペース配分を考えて挑むことができます。

同時に、各項目を、どのくらいの時間をかけて話すのかを伝えると、聞き手はなお、この先のことをイメージしやすくなると思います。

これがあるとないとでは、**会場の空気のまとまり方**が変わってきます。全員が流れを把握していれば、終盤になっても、「もう少しで終わりだから、ここは集中して聞こう」となりますが、その情報の共有が事前にないと、「この話、一体いつまで続くの？」という雰囲気や、ため息がところどころから聞こえてきたりします。

私は、その日のコンテンツを、一枚のスライドを使って示す場合が多いです。アニメー

「プレゼンの目次」で期待感を抱かせよう

アニメーションを設定して
1項目ずつ出していくのも
GOOD!

おおよその時間配分があると
聞き手も集中しやすいです

本日のプレゼンテーション 内容と時間割

1. 今、営業チームが抱える問題(10分)
★市場とニーズの移り変わり

2. できるトップセールスの傾向(10分)
★「こうしたら、お客さまに喜んでいただけた」の声

3. 答えは「自分ブランド」にある(15分)
★自分軸を持っている営業パーソンは強い!

4. 明日から試せる自分ブランディング(10分)
★2週間で変われる!? シンプルな自分のブランド化

このあと10分の休憩をはさみ、各担当のプレゼンを行ないます!

目次に補足説明を
つけるだけでも
ワクワク感が増します

ブレイクがどこにあるのかを示すと、
聞き手がトイレや電話のタイミングを
つかみやすくなります

ション機能（文字・画像・図形などに動きを加える設定。詳しくは161ページ）を使い、箇条書きにしたコンテンツを、ひとつずつ紹介していきます。

新聞の見出しが興味を引かなければ、その記事は飛ばしてしまいますね。なるべくなら、この先の話を楽しみにしてもらいたいので、感覚的にはバラエティ番組のコマーシャル前にあるような「この先は、こんな話が聞けるかもしれませんよ」というワクワク感を大切に、その日のコンテンツを伝えられるといいと思います。

「だから、チャンネルは、そのままでお願いしますね」というメッセージを込めると、相手が期待感を抱いてくれます。その期待感は、会場の雰囲気をより明るくしてくれます。

アイデア溢れる配布資料

プレゼンテーションに配布資料はつきものです。「プレゼンの達人を目指す！」と決めたら、ここにも、どんどん新しいアイデアを加えていきたいです。

まずは、資料の配布の方法に関してですが、よほど会場が大きくない限り、私は**配布資料をプレゼン前に配ることをしません。**一般的には、先に配るのが習わしだと思いますが、私はその都度、その話題に触れてから、用意した資料を配るようにしています。

理由は、大きく分けて二つあります。資料を先に配ってしまえば、誰もがスクリーンよりも、資料に目を落としがちになります。会場の聞き手の視線が下向き傾向になると、どんなに話し手が上手にプレゼンをこなしても、全体としての盛り上がりに欠けてしまいます。目を落としたままの聞き手同士に、「つながり」は生まれにくい。各人が「個」になってしまうからです。

満足度の高いプレゼンには、ミュージシャンのライブのように、「そこにいる人たちと空気感を共有できた」という聞き手の感触が不可欠です。それを促すためにも、話し手には参加者の目線を上げ、視界を広く保ってもらう工夫が必要です。

また、「資料を隣の人にまわす」という行為は、聞き手の姿勢を崩したり、緊張をやわらげることにも役立ちます。

ですので、特にプレゼンが長時間になる場合は、随所に「資料を配布する」を組み込むと、聞き手は、それを休憩のように使うことができます。このような**進行ペースの変更**は、聞き手に意外と重宝してもらえるものです。

企業によっては、「プレゼン資料は前日までに配ること。プレゼン時には、参加者全員が内容を把握していること」という社内ルールがあるところも多いと思いますので、その場合は、もちろんそれに従いましょう。

進行ペースの変更ということでは、私の講演では、配布資料に「穴埋め問題」を組み込むことがよくあります。講演途中で回答をスクリーンに映し出し、それを皆で書いていくのです。

穴埋め問題に書き込むなんて、社会人にとっては久しぶりの行為なので盛り上がりますし、その行為自体が、いい意味で進行ペースの変更になっています。

また、何かとかたくなりがちなビジネスの現場。数字とグラフがびっしりとつまった、非の打ちどころがない配布資料に、ちょっとだけ「手書きの文字や、手書き風の文字、もしくは手描きのイラストが入っている」というだけでも、時にそれは人をホッとさせます。チャンスがあれば、ぜひ、そんなことにもチャレンジしてみてください。

空気を制するエネルギー

私がホンダに勤めていたときの同期で大の仲良しであるK君は、エアロダイナミクスの専門家です。エアロダイナミクスとは、走行中のクルマが受ける空気の流れや、その力のことで、これは燃費やスピードに大きく影響します。まさに、「空気を読み、空気を制する」という仕事を、彼は毎日行なっています。

プレゼンはその内容や演出も大事ですが、回数をこなせばこなすほど、それ以上に「プレゼンは『空気をつくり、空気をコントロールする』ということである」という深い理解に行き着きます。

プレゼン会場は、それが自社の会議室であろうが、ホテルのバンケットルームであろうが、そこに人がいない限りは、ただの箱でしかありません。そこに空気をつくるのは、そこに集まる人たちです。

中でも、プレゼンをする人は、最もそれをコントロールできる立場にいます。

かといって、「爆発的なエネルギーで、相手をねじ伏せろ！」ではうまくいきません。

その逆の「すべて偶然の成り行きに任せよう……」でも、ちょっと不安です。

話し手の性格や得意・不得意もありますので、どうすればいいのかについては、ここでひとつの解答を書くことはできません。

でも、あえてひとつだけ挙げるのならば、あなたが相手の誰よりも先に、とびきり素敵な空気を発することです。

途中から、会場の空気をよくしていくのは難しいことです。**初期の段階でいい空気をつくれれば、それに越したことはありません。**水泳と同じです。出だしのキックがよければ、その伸びも手伝って、25メートルなんてあっという間です。

PART5

トークの技術に磨きをかける、ちょっとしたアイデア

巧みな声のトーンと強弱

柔らかな印象の本を書くことが多い私に、同じように柔らかなイメージを持ってらっしゃる方は少なくないようです。そんな方が、私の講演会に来ると、決まって「イメージと違い、声が大きくてビックリした！」と、おっしゃいます（笑）。

このギャップがいいか悪いかはわかりません。でも、どうか誤解のないように。普段の会話は、常識的な音量で話しています。

声の大きさと張りは、その人の自信の表れ。自信が感じられないプレゼンには、聞き手は不安を覚えるものです。だから、私は声のトーンとボリュームに気を配ります。

とはいっても、それは一定ではありません。参加者層やテーマによって使い分けますし、一回のプレゼンの中でも、声のリズムや高さ、大きさを状況に応じて変化させます。

延々と同じ曲調の唄が続くコンサートでは飽きてしまいます。バラードやアップテンポの曲が巧みにミックスされているからこそ、ライブは盛り上がります。

羊を数えると、なぜ眠くなるのか？　クルマのワイパーは、どうして居眠り運転の原因になるのか？　それは、リズムとトーンが一定だからです。眠気を誘わないプレゼンをするためにも、声の緩急は大切です。

また、学生のとき、先生はテストに出る重要なところを、声を大きくして伝えていたと思います。でも、大切なメッセージは、あえて小さな声でしゃべった方が、かえって聞き手の注意を集めることができる場合が多いこともあります。それまで下を向いていた人も、ボリュームが落ちたら、「んんっ？」と顔を上げますからね。

このように、**声と心理には密接な関係**があります。普段から、「どうして、あの人の声は心地よいのだろう？」「どうして、こういうときは耳を傾けてしまうんだろう？」と、聞き手の視点で、常に人の声に興味を持ち、研究を怠らないことが大切です。

声について、もうひとつ補足です。こういうイメージで発声の練習をすると、プレゼンにもさらに表現力が増すと思います。それは……、「あなたの顔がまったく見えない真っ暗闇で話したとしても、その声だけで、あなたの表情をはっきり思い描けるくらい、声で演じながらしゃべる」というイメージです。声だけでも飽きさせないトークができたら、それはものすごいことです！

……ちょうどこの本を書いている今、腰のケガにより、私はコルセットをつけての生活を強いられています。それでも講演やセミナーの予定は変更できないので、このまま話をしていましたが、意外や意外。お腹から声を出すのを意識するには、これは使えるツールです（笑）。

あなたの「目」だってしゃべっている

つい100年くらい前まで、「人間の目からは、何かの物質が出ているのではないか？」と、大真面目に研究が行なわれていたくらい、目は思っている以上に強いメッセージを周囲に発しています。

ですので、よりよいプレゼンを目指すならば、単にトークだけではなく、それに合わせて**「しゃべっているときの自分の目」にも、最大限の気を配る**必要があります。

たとえば、楽しい話をしているとします。顔もそれなりに笑顔になっています。でも、目だけが、なぜか笑っていない……。となると、そのプレゼンを聞いている人は、ちょっと違和感を覚えます。これでは人の心を揺さぶることは難しいです。

心を開いていてしゃべっているのか？　自分たちの言っていることを信じているのか？　本当に心配してくれて言ってくれているのか？　「目は口ほどにモノを言う」というのは本当で、話し手の話ではなく、目をずっと見ていると、いろんなことを感じ取れます。

ですので、話し手としても、聞き手全体を、近眼の人が眼鏡を外した状態のようにフワッと見るのではなく、聞き手ひとりひとりに、目でもメッセージを送るように意識すると、伝える力はグッと増します。

たとえば、話し手がプレゼンしている最中に参加者のひとりと目が合ったとします。そこで話し手の方がサッと目を離してしまうことが多いのですが、ぜひ次の機会には、今までよりも長く、その人と目を合わせてみてください。

先ほども書きましたが、「見つめ合ってるの？」と、お互い思うくらい。より具体的に言えば、約2～3秒くらい。これだけでも、話していることに自信を持っていることが聞き手に伝わったりするものです。

もちろん、俳優になって演じるかのごとく、その瞬間のしゃべっているトピックに合った目をするように心がけると、なおいいでしょう。

ちなみに、「まばたきをよくする」は、特に欧米では「自信がない」「弱い」という印象を与えるとされています。私もそんなひとりなのですが、まばたきが多い方は、プレゼン前に目薬などで対策をしておくことをおすすめします。

また、細かい話になりますが、話し手がしゃべっている位置に近い、つまり参加者でも前列の方にいる方を見ようとすれば、（話し手が立って話している場合）それは自然と「上から目線」になってしまいます。

見たことがある人は少ないと思いますが、「下から見た自分の姿」は、普段のあなたの見た目とはだいぶ違います。大抵の場合、より美しくは見えません（笑）。この状態は

「見下している」という感じにも受け取られる可能性がありますので、注意が必要です。前列に座る聞き手の方を見るときは、真上からではなく、なるべく離れて立ったときにする。もしくは、ちょっと自分の腰を落として、威圧感を与えないように目を合わせるなどの工夫が必要です。

ジェスチャーでメッセージを後押し

ある雑貨店には、お客さまに「いくらですか?」と尋ねられたら、「こちらは300円です」と答えると同時に、指で「3」を示さなくてはいけないルールがあります。

ジェスチャーがあるとないとでは、メッセージの伝わるパワーが違います。まずは手と指からでも構いません。ぜひとも、次のプレゼンで試してみてください。

「ごくごくわずかな量ですが……」と言いながら、人差し指と親指で「小さい」を表してみる。「自分は、そう強く信じています」と言いながら、こぶしで自分の心臓の部分を数回叩く。「共に頑張っていきましょう」と言いながら、両手を胸の前でオープンに広げる。これくらいの工夫なら、誰でもすぐに明日からできるはずです。

段々と慣れてきたら、そのジェスチャーへのこだわりを、さらに指先までツメていきましょう。

手先だけでも、いろんなことがわかります。話し手の緊張感やエネルギーも、そんなところに表れるものです。ダンスの世界と同じです。プレゼンも、突きつめれば「表現は指先まで」です。

私が講演をするとき、主催者に必ずピンマイクを用意してもらっている理由は、ここにあります。滅多に演台を使わないのも、よりジェスチャーが聞き手に見えるようにするためです。

腕を組むクセがある人は、それがプレゼン中に出ないように注意しましょう。「腕を組む」は「相手を拒絶する」というジェスチャーです。これでは聞き手とつながることができませんね。

何度も髪を触るなどのクセを繰り返すのも好ましくありません。「話し手は不安なので

あまり好意的に受け取られない可能性がある、プレゼン時の動きとジェスチャー

BODY

- **何度も同じ動作をする** ➡ 落ち着きがなく、焦っているイメージを持たれます
- **背中を向ける・おしりを向ける** ➡ 観ている人に背を向けるテレビやお芝居なんてありません
- **内股で立つ（特に男性）** ➡ 頼りない感じがします。メッセージが弱くなってしまいます

ARM

- **腕を組む** ➡ 相手を拒否する心の表れといわれています
- **手を腰にあてる** ➡「教えてやっている」という感じがしてしまいます
- **人さし指でビシッと指す** ➡ 失礼な印象です。人を指すときは、優しく手のひらを向けましょう

FACE

- **アゴが下がっている・うつむく** ➡ 勢いを感じません。迷っている印象を与えます
- **聞き手と目を合わせない・目が笑っていない** ➡「隠しごとをしている」「不誠実」と捉えられるかもしれません
- **髪・頭・顔を何度も掻く** ➡ やりすぎると、ちょっと不潔な感じがします

※各国でジェスチャーの受け取り方や意味は異なりますので、国際ビジネスの舞台では、さらに細かい注意が必要です

は？」という印象を与えてしまいます。

また、せっかくジェスチャーがうまくなっても、それに**声と表情が合っていなければ台無し**です。当然のことですが、嬉しいストーリーを話すときは、弾むような声と表情で。悲しさを表現するときは、その逆です。プレゼンごとに、どんどん進化をさせていきましょう。

アメリカ人になったつもりで話す

遊園地で見かけるようなウサギの着ぐるみを、今あなたが身にまとっているとします。言葉は一切発することができません。その状態で人に何かを伝えたいとき、あなたは一体どうしますか？

きっと自然と、普段よりも大きな身振り手振りで感情を示すようになると思います。

着ぐるみのあなたが、言葉なくしてでも、アクションだけで人に感情やメッセージを伝えることができたら、それはそれはすごいことです。

そこに言葉や配布資料、スクリーンに映し出すスライドが加われば、それは**強烈な伝達力**となり、きっと人の心を揺さぶることでしょう。

しゃべっている本人にとっては「ちょっと大袈裟かな?」と思えるアクションや表情も、プレゼンを聞いている側からすれば、そんなに気にはなりません。むしろ、普通です。プレゼンを舞台と考えるならば、役者の動きは大きくなければいけないのは当たり前のことです。

ドラマや映画に出てくるアメリカ人がオーバーなアクションでしゃべる姿は、日本人から見れば、ちょっと大袈裟かもしれません。でも、ポイントは、ここにあります。プレゼンのときは、**皆、アメリカ人になったつもりでしゃべること!**

これは「照れとの戦い」かもしれません。でも、その殻を破って、偉大なプレゼンの達人になった人を、私はたくさん知っています。

ここが分岐点です。最初から最後まで、演じるつもりで、伝説のプレゼンテーションを残していきましょう。

ただ、あまり動きまわると、今度は「落ち着きがない」「焦っている」となりますので、そこは注意が必要です。

決まり文句は口にしない

普段からスポーツが大好きな私は、自らプレイするだけではなく、いろいろな競技を観戦します。そして、プロアスリートのインタビューや記者会見を、プレゼンテーションという観点から注意深く聞いています。

あとから何度も思い出すような印象深いインタビューをする選手には、ひとつの共通点があります。それは、**「決まり文句が少なく、独自の言葉で表現している」**という点です。個人的には、マラソンのゴールドメダリスト・高橋尚子さんや、プロゴルファーの石川遼さんが、その好例だと思っています。

もちろん、高橋さんも、石川さんも、「次も頑張ります」「皆さん、応援よろしくお願いします」という決まり文句をまったく口にしないわけではありませんが、プロアスリートのインタビューにありがちな「ひな型」を崩して語ることが多いので、聞き手も無意識のうちに「聞き逃してはなるまい」と、自然と引き込まれます。いい意味で予測不可能なのです。

結婚式や就任時のスピーチも、クリックひとつで、そのフォーマットが検索・プリントアウトできる時代。たしかに、名前さえ変えれば、そのまま使える「ひな型」は便利です。でも、それを使って人前で話すのは、聞き手に**「その場を可もなく不可もなく切り抜けよう」というメッセージを与えかねません**。

逆に、いい意味で「決まり文句を使わない」「従来型のフォーマットではない」で進行するプレゼンは、それだけでも受け手に「おっ！ 今日は、お決まりの展開ではないな」と感じてもらえます。「相手の心を揺さぶる」のメカニズムは、こんなところにあったりするのです。

でも、忘れないでください。これはピカソの絵と同じです。基本形や、決まり文句を勉強することも、もちろん重要です。

ここで与えたいのは「非常識な社会人」ではなく、あくまで「プレゼンやスピーチの基本や決まり文句を熟知した上で、あえて自分なりに崩しているんだな」という、一段上のレベルの印象です。ピカソも、デッサンをさせたらピカイチです。

いずれにせよ、欲しいのは「決まり文句の羅列」ではなく、「今年の社内の流行語大賞を狙う」というくらいの意気込み。印象に残るプレゼンを目指すなら、これくらいがちょうどいいはずです。

机上の理論50％、経験談50％のバランス

偉人たちの名言を並べただけでは、深いプレゼンにはなりません。とはいえ、自分の経験や意見だけを語っていても、人は納得してくれません。

大切なのはバランスです。その理想は、「机上の知識や理論で50％、自分の経験談や意見で50％」です。

「私としては、こう思っています。かつてソクラテスも、こう述べています……」
「こういう方向で進みたいと思っています。本田宗一郎さんも、これに似たようなシーンで、生前こんなことを言っています……」
「このような傾向に私はあると思っています。実際に、アメリカの心理学の研究でわかった、これを裏づけるような法則がありまして……」

自分の意見と、それをバックアップする名言、もしくは法則。プレゼン全体を通して、また随所随所で、このリズムと黄金比を大切にすると、人の胸にスッと落ちるストーリーになります。もちろん、演出の上でも、このスタイルで話せば、より知的な感じがします。

世界の偉人たちの名言集を集めた書籍は、たくさんあります。また、世界の研究者が確立した法則を集めた書籍も、簡単に探すことができます。それらを片手に、さらに説得力のあるプレゼン資料づくりにチャレンジしていきましょう。

世代と地域に合わせた事例

プレゼンの良し悪しに点数をつけるジャッジがいたとします。点数表は、通常いくつかの切り口に分かれているものですが、それがプレゼンであれば、必ずあるのが「技術点」。そして、その**技術点を大きく左右するのは、間違いなく「事例」**です。

そうなんです。聞き手が、それがいいプレゼンであったかどうかを見極める大きなポイントは、「使われている事例が適正か否か」「事例がちゃんと伝えたいメッセージをサポートしているか」だったりします。

理由は簡単。聞き手として、誰でも経験があると思います。過去の「話に納得した」を振り返れば、それは案外「事例次第」ではなかったでしょうか？

とはいえ、やみくもに「知識をひけらかす」という感覚で、聞き手の知らなそうなことを「どうだ！」と紹介しても、それだけではいいプレゼンにはなりません。

たとえば、ブランドに関する内容のプレゼンを、「スターバックス」を事例に、地方に住む年配の方にしても、全員にはしっくりこないかもしれません。その場合であれば、同じブランドでも、より〝暖簾〟という感じがする「とらや」を使った方がベターです。

しかしながら、ここが難しいところなのですが、あまりにも聞き手が「それもこれも知っている」という事例ばかりになってしまうと、今度は「今日は新しい情報を得ることができてラッキー」という満足感がなくなってしまいます。

プレゼンに使う事例は、大きく分ければ、次の3種類に分類することができます。

①ほとんどの参加者が知らないこと
②誰でも知っているようなこと
③なんとなくテレビや雑誌で聞いたことがある程度のこと

この3つを、バランスよくプレゼンに組み込めば、聞き手にとっての「新しいことを学んだ」と「納得できた」を、両方同時に実現できる可能性が高いと思います。

ただし、この3種類の事例は、ご想像の通り、プレゼンを聞く人の層や世代、プレゼンを行なう場所や業界によっても、大きく変わってきます。

ですので、一言に「事例のバランス」と言っても、それはあくまで「聞き手に合わせた」という前提で考えなければいけません。

「笑い」がなければ、時間がもたない

「アメリカ人は、いつもジョークからプレゼンに入る。日本人は、いつも謝罪からプレゼンをはじめる」、これは世界的にも、よく言われていることです。

最近、私がアメリカ人の学生たちに向けてレクチャーを行なったとき、これを伝えた上で、次のように続けました。

「……というわけで、日本人である私も、今日ばかりはアメリカ人の皆さんに向けて講義

をするので、ジョークからはじめたいと、今週ずっと考えたのですが……、結局、何も思いつきませんでした。ごめんなさい（笑）」

仕事とはつらいもの。つらいものを我慢しているから給料がもらえる。こう考えながら働いている人が多い、日本の社会。多くの職場では、なんとなく「笑ってはいけない」「楽しんではいけない」という空気が漂っています。

プレゼンに関しても同じで、「明るく楽しくやる」「喜んでもらう」よりも、「そつなくこなす」が優先されているのが現状です。

でも、笑いがないと、聞いている側としては時間が長く感じられます。明るい雰囲気で進まないと、どうしても眠くなってしまいます。

無理に笑わせる必要はありませんし、そもそも念入りに仕込んだギャグが冒頭で失敗すれば、そのあとも苦しくなるので、そこは自然体で構わないと思います。

ただ、基本は「You have to enjoy first.」です。話し手であるあなたが、まずはそのプレゼンを楽しんでいるように見えれば、おのずとちょっとしたことでも笑いは起こります。

「笑ってもらいたい」と思ったら、セリフで笑わせるのもいいですが、トライすべきは**「スライドの写真やイラストをユーモラスにしていく」**です。過去の経験上、こっちの方がスベる可能性は低いです。168ページの「EXERCISE」も、参考にしてみてください。

知る人ぞ知るですが、今は吉本興業が企業に芸人を派遣して、漫才の手法を用いてプレゼン講座を行なっているくらいの時代。実際に、学校の先生やドクター、介護関係者といった、比較的かたい方面からの引き合いが多いそうです。

だからぜひ、あなたのプレゼンにも、もっと笑いを！

「感動」がなければ、心を揺さぶれない

時と場合によっても異なるとは思いますが、企業のプレゼンが担っているのは、単に「情報を伝える」ということだけではなく、「相手の心を揺さぶり、実際に何かしらのアク

ションをしてもらう」といった、より高いレベルのミッションだと思います。

もしも、それがミッションだとすれば、プレゼンの中には「指示」「命令」のみならず、それを超越した**「共感」や「感動」が不可欠**になってきます。


プレゼンにおける「共感」とは、一体どんなことでしょうか？

「共感」を辞書で調べれば、そこには「同意」や「他人の意見に『その通りだ』と感じること」と記されています。

つまり、シンプルに発想すれば、あなたがプレゼンで話していることに対して、聞き手が、「そうそう、私もそう思っていたんだよ」という状態になれば、それは共感を得たということになります。

「相手の思っていることをわかりやすく、あなたがプレゼンで代弁する」、これが共感への近道です。


では、次に「感動」とは？　これは、ちょっと難しいですね。

そもそも、私は「感動させる」「感動してもらう」という言葉が、あまり好きではありません。そこに無理やり人を導いているようで、なんだか変な感じがします。「『感動』って、もっと自然発生的なものなんじゃないかな」と、たまに思うときもあります。

私の経験上、聞き手がプレゼン自体に、もしくはその内容の一部に感動してくださることがあるとすれば、そこに「本気度」や「本物感」「本当にそれをやりたいんだ」という強い想いを、話し手から感じ取れたときが多いのではないか、と思っています。


もちろん、話し手は、皆「本気」と思ってプレゼンしていることでしょう。でも、その「本気」が、どの程度伝わっているかは未知数です。

本気度を感じてもらうためには、トークや演出も大切です。でも、何よりも大事なのは、「自分の言葉で話しているな」と、受け手が感じられることでしょう。

バランスが難しいのはたしかです。つくり込みすぎた言葉でしゃべれば、少なからず「わざとらしい」「あやしい」となってしまいます。平たい言葉でしゃべれば、どんなに本気でも、もしかしたら、それは伝わらないかもしれません。


こう考えてみるのも、いいでしょう。自分のことなので、ちょっと変ではありますが、笑わずに聞いてください。**「自分で自分の言葉に感動するくらい」**、これが塩梅としてはちょうどいいです。いざプレゼンのときにも、自分でしゃべっていて、うっすら涙が出

感動のプレゼンは、話し手の本気度から生まれる

>> いつだって心が揺さぶられるのは、話し手が自分の言葉でしゃべっていると感じられる本気のプレゼンテーション。

てくるくらいの感じです。

……ちょっと変ですよね？（笑）でも、聞き手の心を揺さぶるくらいの強いメッセージを、と考えると、決してやりすぎではないと思います。

負のパワーで話さない

プレゼンをするのは、「コンペのとき」という人も多いかもしれません。もしくは、それが社内プレゼンだとしても、「同期には負けまい」と、それが勝負ごとのように発展してしまうケースもあるかと思います。

プレゼン対決で互いを高め合うのも悪くはありません。でも、私は基本的に**「負のパワーで話さない」「負のパワーでプレゼン資料をつくらない」**を、より大切にしています。

「相手を負かしたい」という気持ちをモチベーションにしてしまうと、それが思わぬ災いを招くときがあります。

道でケンカ中のカップルとすれ違ったら、その空気感からすぐにわかりますよね？　同様に、ケンカ腰で行なうプレゼンには、随所に小さなトゲトゲを感じるものです。

それを聞き手は簡単に感じ取ってしまいます。それを心地よく思わなければ、その時点でプレゼンには減点が下されます。

結局、負のパワーでプレゼンをしてしまうと、前出の揚げ足を取り合う日本の政治家の例と同じです。もしかしたら、相手に「エネルギーのかけどころが、ちょっと違うのでは？」と思われてしまうかもしれません。

被害を被るのは聞き手です。聞き手が、大なり小なり置き去りにされてしまうのが常です。

だから、負のパワーでプレゼンをしないこと。それがコンペ的なものであっても、「他社とは、はじめから目指しているところが違う」というくらいのスケールの大きさがあるといいと思います。

絶対に人を傷つけない配慮

謙虚さの表れの一環として、プレゼン時に注意したいのが、あらゆることの「言いまわし」です。

こんなジョークがあります。あるとき偉いお坊さんが、通りがかりに、ノラ猫をいじめている子どもたちを見かけました。それを止めようと、子どもたちに近づいて、こう言いました。

「これこれ、来世は、いじめた生き物に生まれ変わってしまうんだぞ」

それを聞いた子どもたち。猫をいじめるのはピタッと止めましたが、今度は、その偉いお坊さんに襲いかかりました（笑）。

何が言いたいかといえば、「ちょっとした発言でも、それが受け手にどう理解されるかはわからない。だから、言葉には細心の注意を」ということです。

事前に参加者層をしっかりと把握し、何度も、あらゆる角度から、「この表現で誰も傷つけることはないか？ 不快に感じる人はいないか？」と自問するクセをつければ、この部分のリスクはだいぶ軽減できると思います。

単に、その言いまわしに限らず、そもそもの「使う単語」自体にも、しっかりと気を配っていくことも大事です。

「ポリティカル・コレクトネス」という概念があります。大まかに説明すると、これは「政治的・社会的な観点から、偏見のない公平な表現をしよう」ということ。

今現在、「ビジネスマン」ではなく「ビジネスパーソン」と表現するのが一般的なのも、こうしたムーブメントがあってのことです。これにより一部の女性が不快に思うことがないようにしています。

日本語でも、「スチュワーデス→客室乗務員」「ブラインドタッチ→タッチタイピング」など、時代と共に正しいとされる表現方法が変化しています。

どんなに素晴らしいプレゼンをしても、ひとつでも時代にそぐわない表現があれば、すべては台無しです。内容はよくても、ひとつの言葉を不快に思っている人がいたら、それは残念なことになってしまいます。

特に、職業に関すること、性別に関すること、人種、民族、宗教、病名、地名……、こういった表現方法は、日々変化しています。よく調べて、時代に合った、そして誰も傷つけないような言葉を慎重に選んでいきたいですね。

優先したいのは「謙虚さ」

クレーム処理の権威であり、過去に私も講演を一緒にさせていただいたことがある川田茂雄さんは、ベストセラー『社長をだせ！　実録クレームとの死闘』（宝島社）の著者でもあります。川田さんは、「人が最も共通して『やられて嫌なこと』『やられたら怒りだすこと』は、『人にバカにされること』」と言います。

プレゼン中に、言葉で相手をバカにするようなことは、さすがに誰もしないと思います。でも、もしかしたら話し手の目が、**知らず知らずのうちに、聞き手から「バカにしているように見える」と思われる可能性はゼロではありません。**

おとなしい観客に対して、心の中で「お前ら、ちゃんと盛り上がれよ」と思いながらプレイしているミュージシャンのライブは、最後まで空気が悪かったりします。それと同じです。

「どうせ、わからないだろ」とでも言いたげな目でプレゼンをしたところで、到底、聞き手の心を揺さぶることはできません。そして恐ろしいことに、微塵でもそう心で思ったら、それは目に表れてしまいます。

プレゼンをする人は、その場では仕切る立場にいる人です。内容によっては、何かを聞き手に教える立場にいる人です。ですので、自分で自分をしっかり律していかないと、ちょっとしたしぐさや表情だけで、「バカにされているのでは……」と相手を不快にさせてしまう可能性もあります。

どんな立場でプレゼンをするにせよ、優先すべきは、いつだって「謙虚さ」です。

PART6

スライドづくりを研ぎ澄ます

構成は映画監督のように

この章ではプレゼン資料のつくり方について触れていきます。

プレゼンテーション方法には、いろいろな形がありますが、ここでは今現在ビジネスの現場で最も一般的なマイクロソフト社のプレゼンテーション用のソフトウェア「パワーポイント」を使ってプレゼンを行なうことを前提に、スライドづくりについてお話ししたいと思います。

本を書くときもそうですが、私がプレゼンテーションの資料をつくる際に、一番大切にしているのは、その「構成」です。同じメッセージを伝えるにしても、どのタイミングで、もしくはどんな流れとタイミングの中で、それを伝えるのかによって、その意味や説得力は大きく変わってきます。

ですので、**構成力**。これはプレゼンの世界で、とても大切な力です。

具体的に、私がどんなことをしているのかといえば、まずは大きな画用紙やホワイトボードを用意します。そして、その端に小さく、今回のプレゼンで目指す着地点や、絶対に伝えたいこと、また参加者の数や属性、男女比、年齢構成などを書き出します。目をつぶり、全体的な会場の雰囲気を想像します。

そして、ここからは映画監督になったつもりで！ 今回のプレゼンに与えられた時間を考えながら、折れ線グラフのようなスタイルで左から右へ、「どこにクライマックスを持っていくか」「どこから話のペースを変えるのか」「しっとりした話を入れるのは、どこからか」「余韻は、この辺から、こんな感じで……」など、山、谷、平坦なラインを描きながら、時間帯別のプレゼンの流れを大まかにつくります。

これは言い換えるならば、聞き手がプレゼンを聞きながら抱いてもらいたい感情を、あらかじめ考えておく作業です。会場の空気の予想図です。

これを私は**「エモーショナル・ライン」**と呼んでいます。プレゼンで伝えるべきメッセージと、このラインを合体させて、今できる最高の作品をつくり上げていきます。

映画には最低2回以上のクライマックスが必要と言われています。どのくらいの長さのプレゼンなのかにもよりますが、私たちのプレゼンにも、**クライマックスといえるものを、二つ**は入れた方がいいでしょう。

また、最近のテレビでは、ひとつの番組の中でも次から次へと目まぐるしく内容や特集が移り変わりますね。それに慣れた世代を相手にプレゼンをするのなら、適度なチェンジ・オブ・ペース（進行ペースの変更）を入れた方が、飽きられる可能性が少なくなると思います。

「ここで話を一度ストップして、ディスカッションを入れて盛り上げるのは、どうかな？」なんてアイデアも、こういう作業をしながらプレゼンをつくっていけば、自然と浮かんできます。

参加者同士で話してもらう時間を組み込むと、不思議と聞き手の満足度が高くなりますし、時間も早く過ぎていきます。それがちょっとした休憩も兼ねるので、会場の雰囲気も軽やかになります。だから私も、このアイデアには賛成です。

繰り返しになりますが、大切なのは、最初の5分です。プレゼンは導入で失敗すれば、その先もずっと聞く耳を持ってもらえなくなります。

エモーション ナル・ラインで プレゼンの流れをつくる （ある日の著者の例）

〈会場〉
ホテル×× ルームA

横長の会場

〈参加者〉
約300名 男女比＝6：4 平均年齢＝30代半ばくらい
会社経営者50％，現場スタッフ50％

〈時間〉
60分

〈その他〉
参加者がノートをとるタイプのプレゼン

「誰でも、ちょっとした工夫でできる」という雰囲気で！

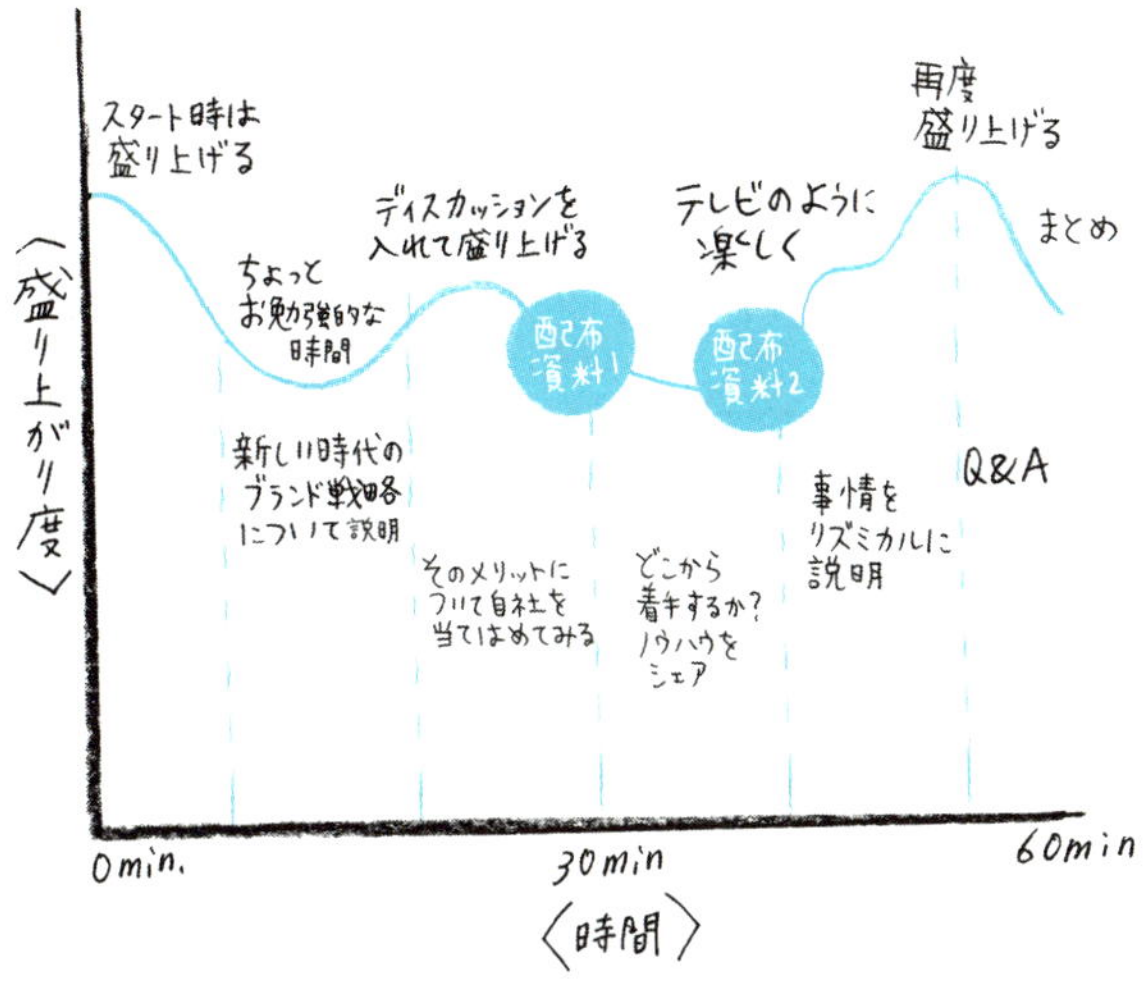

ですので、このエモーショナル・ラインを描くときに**集中すべきは、やはりスタート**。プレゼン全体で見た場合の「最初の10%くらいの部分」です。

「SCSE」という発想

ディズニーランドのオペレーションは、常に「SCSE」という考え方に基づいて行なわれています。

最初の「S」は、SAFETYを表しています。すべてにおいて、まずは安全を優先する。安全でなければ決して楽しい時間を過ごしてもらうことはできない。これがディズニーランドの考えです。

「C」は、COURTESY。「礼儀」や「もてなし」という意味になりますが、「今できる最高の礼儀と、もてなしで、お客さまと接していこう」という姿勢は、ディズニーランドを訪れたことがある人ならば、誰もがキャストから感じたのではないかと思います。

二つめの「S」は、SHOWです。ディズニーランドでは、パレードやアトラクションだけではなく、目に入るものすべてが人を魅了する「ショー」になっています。商品の陳列や、キャストのユニフォーム、カストーディアルと呼ばれる清掃係の人たちの動きに至るまで、そのすべてをショー化しています。ディズニーランドが、スタッフのことを「キャスト」と呼ぶのも、自分たちの職場を「ステージ」と考えているからです。

最後の「E」は、EFFICIENCY。「効率」です。ありえないほどディテールまで気を配るディズニーランドではありますが、その一方で、しっかりと効率も運営の軸に挙げているのは、とても興味深いですね。

さて、この「SCSE」という発想。これは**「順番が重要である」**と言われています。私は、順番をそのままに、これをよりよいプレゼン資料づくりのために役立てることはできないかと考えています。

安全優先で、まずは「絶対に人を傷つけない資料」「参加者が聞きたいことに答える資料」を、しっかりとつくる。そして、今できる最高の礼儀ともてなしを、資料を通じて発信します。

もちろん、プレゼンは、より楽しく聞ける方がいいに決まっています。だから、工夫を

ディズニーランドの「SCSE」を資料づくりに活かす

>> S=SAFETY（安全第一）
C=COURTESY（礼儀・もてなし）
S=SHOW（ショー）
E=EFFICIENCY（効率）

重ねて、資料もショーに！

そして、効率。たとえば、文字と写真の配置を、各スライドごとに変えるのではなく、一定の位置に、同じ大きさでレイアウトできれば、格段に資料作成の効率が上がります。コピー&ペーストが使えるし、いちいち配置を考える必要がなくなります。

「SCSE」、ぜひ頭の片隅に入れながら、プレゼン資料をつくってみてください。

プロジェクト用のロゴで盛り上がる

パワーポイントのスライドは、なるべくならテンプレートからデザインを選ぶのではなく、自分自身でオリジナルをつくることをおすすめします。その方が、プレゼンのプロっぽく見えるからです。

オリジナルをつくるといっても、そんなに難しい話ではありません。背景が白のスライド全体に、うっすらと会社のロゴを入れるとか、右下・左上に小さく入れるとか、そんな程度のことです。あとは、どこかにコピーライトの文言を入れておけば、それで十分。

立派なオリジナルです。

そのときに、ぜひトライしていただきたいのが、「プロジェクト用のロゴ」や「そのプレゼン専用のロゴ」です。多少の時間とコストをかけてでも、それが全スライドに入っていると、プレゼンも盛り上がるし、全体的にギュッと締まります。

絵心がある同僚や友人につくってもらうくらいのレベルで大丈夫です。機会があれば、試してみてください。

ブランディングにこだわっている会社では、社員が好きなテンプレートを選んだり、つくったりすることができないところもあります。プレゼン用のスライドがブランドマネージャーから全社員に配られ、その年のプレゼンは、社内でも、社外でも、一貫してそれを使わなくてはいけない企業も、特に外資系には多いようです。

でも、これも毎回スライドのデザインに迷わなくて済むので、見方を変えればスタッフにとっても効率的です。もしも、今この書籍を読んでくださっている方が経営者やマネージャーであれば、一回試してみる価値はあるかもしれません。

もうひとつ、ロゴのところに、そのサイズと同等くらいの大きさで、「スライドが全部で何枚あって、現在は何枚目なのか」を示す数字も入れてみてください。

たとえば、プレゼンのスライドが全部で32枚あって、この瞬間に話しているスライドは、その12枚目であれば、そのスライドに「12／32」と入れます。もちろん、次のページに進めば、そこは「13／32」となります。

これは**タイムキープにも一役買う**ので、時間に不安がある話し手には、ぜひ試してもらいたいです。

プレゼン時間といえば、これ以外にも、その経過や残り時間を、仲間がカンペで知らせる方式をとる場合が多いですよね。もちろん、それは絶大な効果があるので、私もタイムキープに自信がないときはやっています。

もしも、次にそのような場面があったら、私から、もうひとつお願いがあります。ぜひ、先ほどお話しした「エモーショナル・ライン」に沿った形で、時間の経過以外にも、「ここからは力強く」「ここからはソフトに感情を込めて」など、あたかもオーケストラの

オリジナルのロゴは ブランディングにもつながる

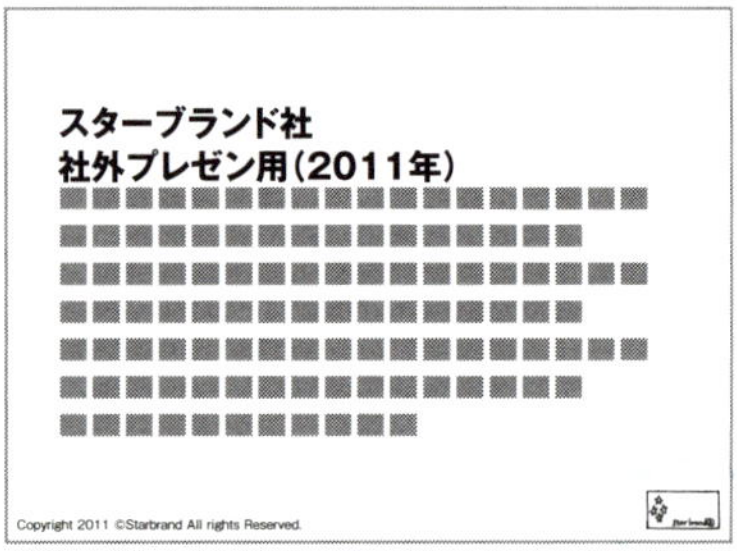

同社のロゴをさらにシンプルに
手描き風にしたもの

star brand®

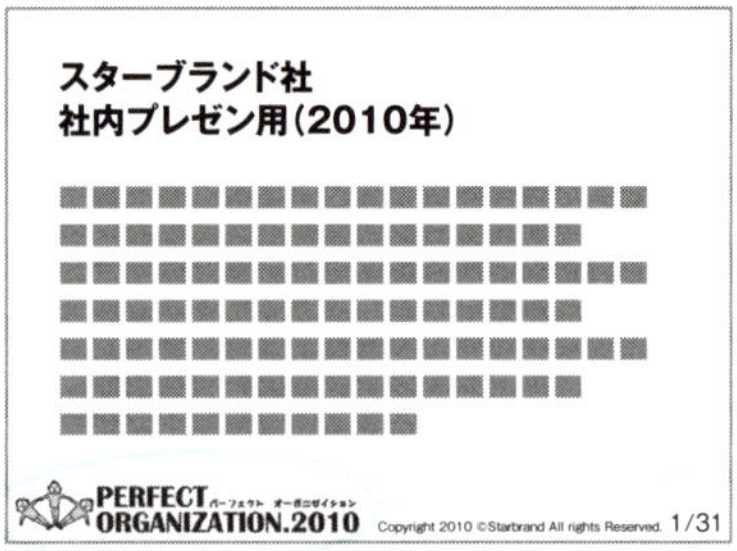

ページ番号は
タイムキープにも
役立ちます

この年の社内テーマ「パーフェクト
オーガニゼイション」をロゴ化したもの

PERFECT パーフェクト オーガニゼイション
ORGANIZATION.2010

指揮者のようなカンペもつくってほしいのです。そして、それを「プレゼン中の話し手に見せる」というアイデアを、チームとして実践していただきたいのです。

これだけでも、次のプレゼンは、よりパワフルでエモーショナルなものになるのではないかなと思います！

写真とイラストは自前がいい

ビジネスの語源は「ビジー」。働き盛りの社会人は、本当に時間が足りません。ですので、なかなか難しいということを承知で書きますが、そんな中でも、なるべくプレゼン資料で使う写真は、フリー素材ではなく、**「自分自身で撮ったオリジナル」**が理想です。そうすることによって、伝わるパワーが格段に増します。

写真だけではなく、イラストをプレゼン資料に使う場合も同じです。フリー素材を使うのではなく、自分で描いて（もしくは絵が得意な友人にディレクションをして描いてもらう）、それをスキャンして載せる。すると、不思議と、そのプレゼンにかけた情熱が相手に伝わります。

たとえ、その絵がヘタでも笑いがとれるので、それはそれで結果オーライです。

プレゼン資料で使う写真を、一夜にしてすべて揃えるのは至難の業です。なので、スライドには、とりあえずの（仮）のビジュアルを入れておきます。文字で、「ここには、こんな感じの写真が欲しい」と、そのスライドにメモ書きしておくといいでしょう。

そして、それらの足りない写真を、忘れないようにメモ帳にリストし、**資料づくりのデッドラインの日まで、アンテナを立てながら、しばらく生活をします**。「これは使える！」と思えるシーンや被写体を街の中で見つけたら、常識の範囲内で、すかさず撮影。ＰＣに送り、スライドに加えていきます。

どうしても自分で撮れなかったら、そこではじめてフリー素材に頼る。実際に、私はこんな感じで資料づくりをしています（生活の中には、プレゼンのヒントがたくさんあります。ＰＡＲＴ７をチェックしてみてください）。

ちなみに、携帯電話で写真を撮る場合、サイズが小さいと、プレゼンのスライドにしたときに、解像度が低すぎて、プロとはいえない資料になってしまう場合があります。あらかじめ、携帯電話やデジカメの撮影時のサイズ設定を、大きめにしておくことをおすすめします。

屋外で撮った写真を多く使用する場合は、「同じ時間帯に撮影したもの」を、ひとつのプレゼン資料の中で一貫して使っていくと、全体の仕上がりが、より美しくなります。

実際、私は、「このプレゼン資料は、8月の炎天下のバーベキューの雰囲気で……」という感じで、プレゼン資料をつくる前に、全体のトーンをあらかじめ決めます。すると、おのずと「じゃあ、写真はすべて昼間に撮ったものしよう」となります。

こんな細かいことでも、見ている人は意外と気がつくもので、「今日のプレゼンの写真って……」と、講演やセミナーのあとに話しかけてくださる方も、たくさんいます。嬉しいですね！

キーカラー・OKカラー・NGカラー

クリックひとつで色を変えることができれば、誰もが資料をカラフルに仕上げていきたくなるものです。

でも、やみくもに着色しながら資料づくりを進めていくと、自分の中でも次第に規則性がなくなり、最後は「なんだかわからないけど、色をいっぱい使ってみたスライド」になってしまいます。また、色を使えば使うほど、スライドづくりにも時間が余分にかかりますから、効率という面から考えても、あらかじめ「使う色を絞る」「使用する色を決める」が、つくり手にも、相手にも、よりよい選択だと思います。

プレゼン資料はファッションに似ています。地味すぎれば華がないし、色を使いすぎてもおかしいです。

一度、こう考えてみましょう。まず、今回の資料の軸となるような基調色、すなわち

「キーカラー」を決めていきます。

相手にとって心地よい色、会社や事業のカラー、プロジェクトにふさわしい色……、キーカラーの選択に決まりはありません。でも、まず何はともあれ、軸となる色がプレゼン資料には必要です。

基調色が決まったら、次に、その基調色と合わせてもおかしくないような色を2～3色程度選びましょう。これを「使ってもOKな色」ということで、私は**「OKカラー」**と呼んでいます。

「キーカラー」と「OKカラー」で、ここまでに選んだ色は合わせて数色。これで準備は整いました。

やみくもにカラフルにするのではなく、この**数色だけで「プレゼン資料をつくる」**を、ぜひとも試してみてください。このルールがあるだけでも、資料の見栄えはよくなるはずです（選択した色にも左右されますが……）。

これと同時に、「絶対に今回の資料で使わない色」もリストして、スライドづくりのルールとして機能させたいですね。これを**「NGカラー」**と呼んでいます。

ＮＧカラーは、何色挙げても構いませんが、要は今回のイメージに合わない色だったり、印象としてふさわしくない色だったり、ということになります。あたたかい雰囲気のプレゼン資料をつくりたければ、なるべく寒色は避けたいですね。

濃淡で表現する

「キーカラーと、ＯＫカラーだけでは、色が足りない」という方も、きっと中にはいるかもしれません。もちろん、グラフやチャートに関していえば、あの数色だけでは、とても足りないと思います。

そこは例外だとしても、それ以外のケースで、もしも「もっと色が必要な場合は？」について、少しここで触れておきます。

その際には、ぜひ試していただきたいのが**「同じ色だけど、そこに濃淡をつける」**という手法です。フォントを加工する機能を使えば、パワーポイントでは文字に濃淡をつけることが簡単にできます。しかも、細かくパーセンテージで設定ができますので、何段階もの濃淡が表現可能です。

先ほど「プレゼン資料も地味すぎると華がない」と書いたのに矛盾しますが、事例としてわかりやすいので、ちょっと想像してみてください。

たとえば、プレゼン資料で使うキーカラーを「チャコール（濃いグレイ）」に設定したとしましょう。

当然、ほとんどの文字はチャコールで記されているのですが、ところどころの強調したいところを、他の色で示すのではなく、あえてよりチャコールよりも濃い「クロ」で示してみる。意外かもしれませんが、これは「太字にする」、もしくは「赤にする」と同様に、ちゃんと目立ってくれます。

加えて、チャコールで示した文章に対する補足説明文があるとしたら、それをやはり他の色で表すのではなく、チャコールよりも薄い「グレイ」で記してみる。すると、「クロ」「チャコール」「グレイ」が、互いにグラデーションのように機能し、プレゼン資料として美しさを保つことができます。

色を加えなくても、「濃淡」で十分表現できる

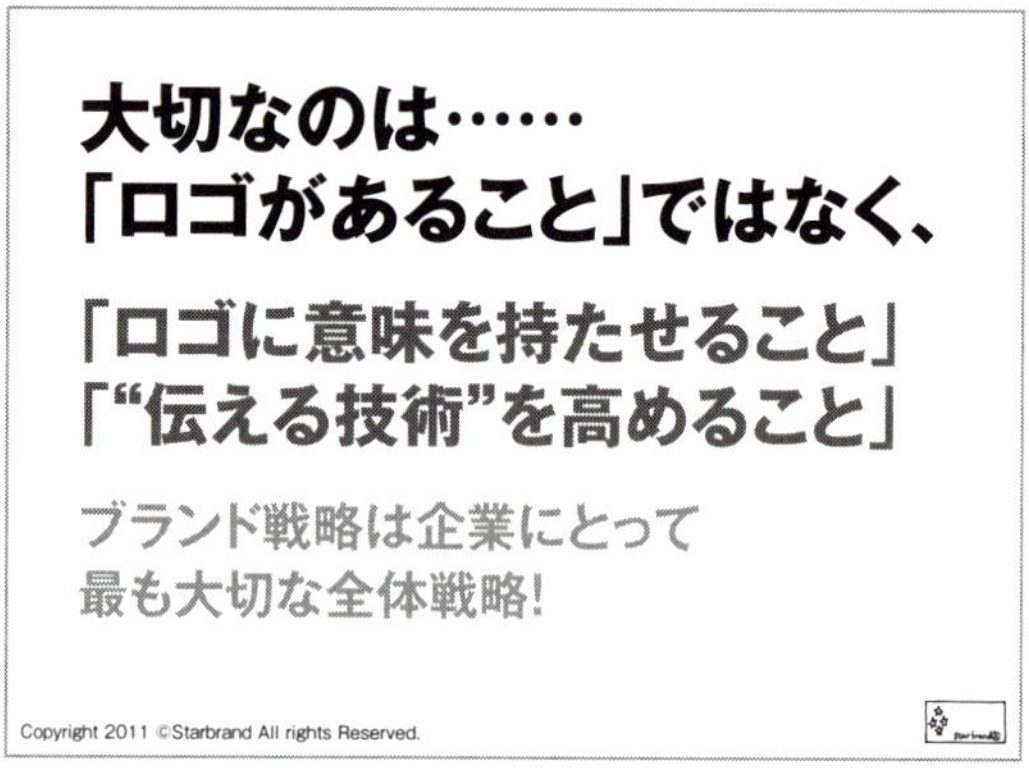
大切なのは……

「ロゴがあること」ではなく、

「ロゴに意味を持たせること」

「“伝える技術”を高めること」

ブランド戦略は企業にとって
最も大切な全体戦略！

Copyright 2011 ©Starbrand All rights Reserved.

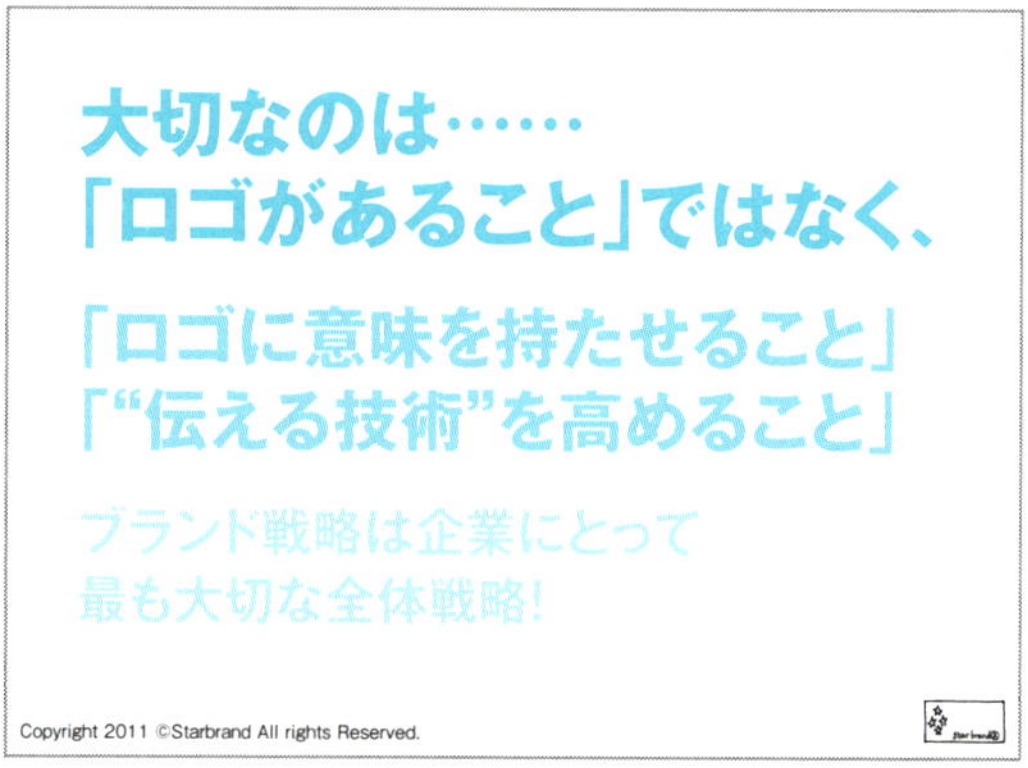
大切なのは……

「ロゴがあること」ではなく、

「ロゴに意味を持たせること」

「“伝える技術”を高めること」

ブランド戦略は企業にとって
最も大切な全体戦略！

Copyright 2011 ©Starbrand All rights Reserved.

「もっと色が必要……」と、さらに色を加える前に、「同じ色に濃淡を加える」というテクニックを覚えておいてください。巧みに濃淡を使ったプレゼン資料は、ちょっとスマートに見えたりします。

「見える、見えない」でフォントを決める

プレゼン資料をつくる際、デフォルトになっているフォント（書体）を、そのまま使う人は少なくありません。もちろん、それも悪くありません。テンプレートのデザインに合わせて選ばれているフォントでもあるので、それはきっと見た目も美しいと思います。でも、プレゼンを行なう部屋の広さによっては、そのフォントでは参加者に見えにくい場合があります。もしくは、伝えたいメッセージの強さに、字の細さが負けてしまっている場合もあります。

ですので、プレゼンで使うスライドの基本となるフォントは、**その時どきのシチュエ**

フォントはシチュエーションに合わせて選択しよう

太いフォントは会場が大きくても見やすく、力強さも演出できます

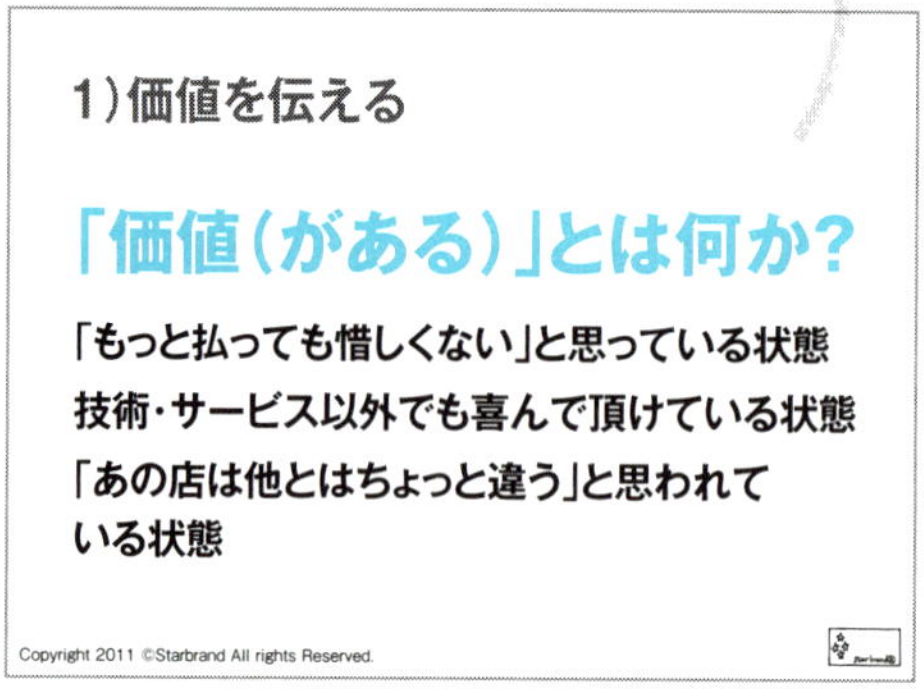
1）価値を伝える
「価値（がある）」とは何か？
「もっと払っても惜しくない」と思っている状態
技術・サービス以外でも喜んで頂けている状態
「あの店は他とはちょっと違う」と思われている状態
Copyright 2011 ©Starbrand All rights Reserved.

細いフォントだと会場のサイズや人によっては見えづらい可能性も

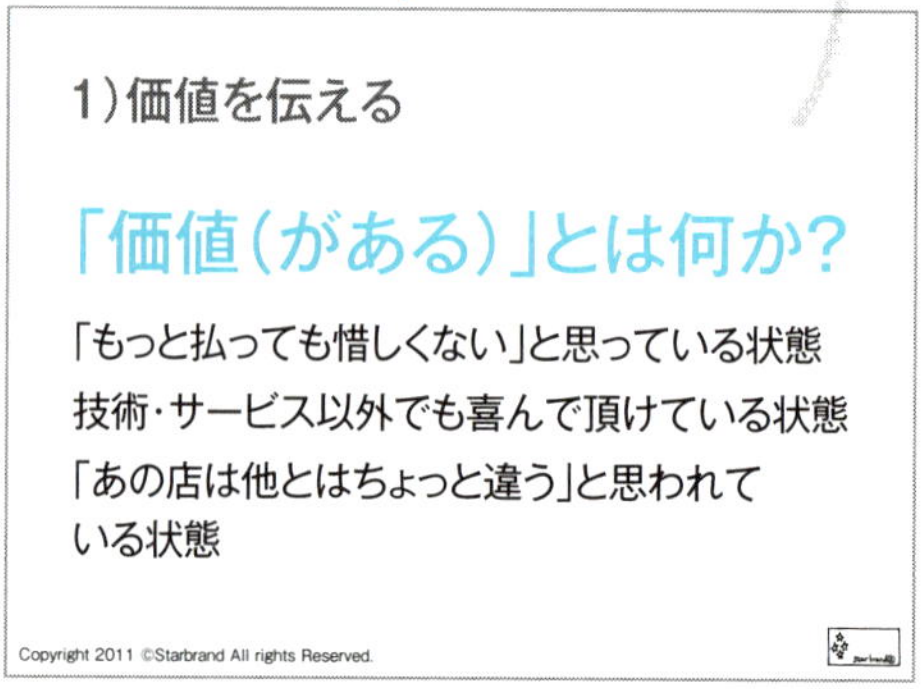
1）価値を伝える
「価値（がある）」とは何か？
「もっと払っても惜しくない」と思っている状態
技術・サービス以外でも喜んで頂けている状態
「あの店は他とはちょっと違う」と思われている状態
Copyright 2011 ©Starbrand All rights Reserved.

ーションに合わせて考え、しっかりと選択していきたいものです。

たとえば、私の場合でいうと、同じ内容の講演を、同じスライドを用いて行なうケースがよくあります。でも、会場は毎回違うわけです。大きなホールの場合もあれば、ホテルの宴会場のときもあります。大学の教室で行なうこともあれば、書店の中でしゃべるときもあります。

だから、同じ講演スライドを使うにしても、私は、その会場の奥行きや、参加者の年齢層を考え、毎回微妙にフォントを変えます。資料は膨大な量なので、これは正直大変な手間です。

でも、すべては相手の「より見やすい」のため。誰が見ても「プロの仕事」と思えるものを残していきたいと思っています。

フォントは終始同じものを使用する必要はありません。メリハリをつけるためにも、数種類のフォントを、自分なりのルールに基づき、同じプレゼン資料の中で使っていくのもいいと思います。

メリハリという意味では、時には文字を白抜きにするのもアイデアです。

フォントを使い分けて、メリハリをつけよう

数種類のフォントを使って
メリハリをつけたもの

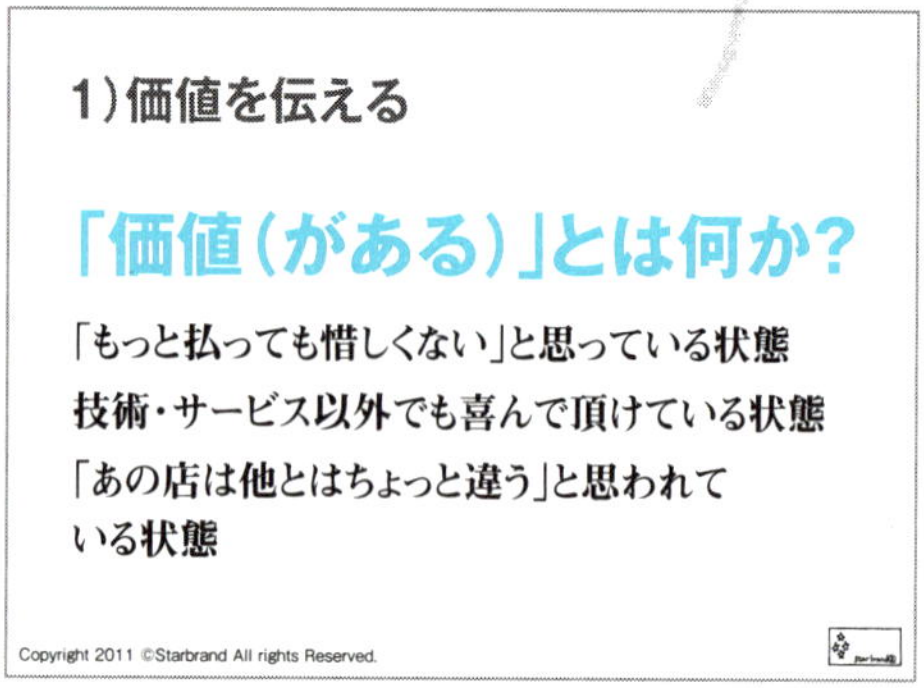

1）価値を伝える
「価値（がある）」とは何か？
「もっと払っても惜しくない」と思っている状態
技術・サービス以外でも喜んで頂けている状態
「あの店は他とはちょっと違う」と思われている状態
Copyright 2011 ©Starbrand All rights Reserved.

白抜き文字もアイデアのひとつです

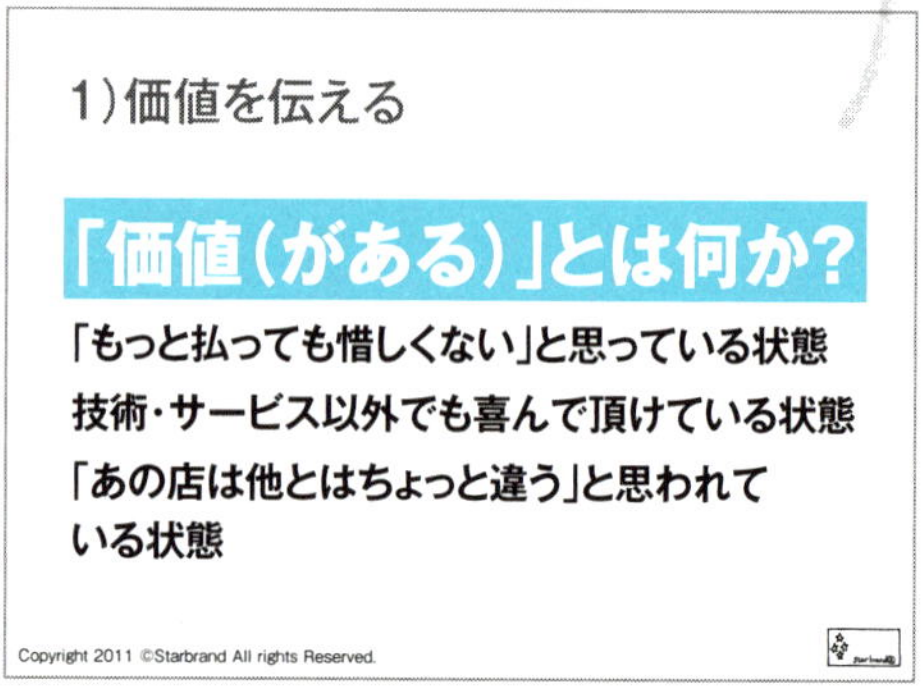

1）価値を伝える
「価値（がある）」とは何か？
「もっと払っても惜しくない」と思っている状態
技術・サービス以外でも喜んで頂けている状態
「あの店は他とはちょっと違う」と思われている状態
Copyright 2011 ©Starbrand All rights Reserved.

ひらがな・カタカナ・漢字のバランス

ビジネスの現場で行なわれるプレゼン。スクリーンに映し出されるスライドには大抵の場合、文字や写真、イラストやグラフ、数字やチャートなどがミックスされた状態で載っていると思います。ここでは、その中でも文字や文章について触れたいと思います。

皆さんもご存じのように、スライドに記すべきは「完全なる文章」というよりも、「簡単なフレーズ」です。イメージとして、プレゼンは、それらの**簡単なフレーズをトークで膨らませていく**という感じです。

完全なる文章をスライドに載せると、当然のことながら、その文字は小さくなります。また、それを「読んでいるだけ」というプレゼンになってしまうと、「だったら、その資料をプリントアウトして配るだけにしてくれ」と、心の中で思う人も出てきます。

もちろん、完全な文章になっている資料を、パワーポイントのスライドとは別に、プレゼンの数日前に配布して「読んでおいてください」とする。もしくは、プレゼン後に復習用資料、もしくはノート代わりのような感じで手渡すというのは問題ありません。

でも、スクリーンに映し出すのは、完全なる文章ではなく、要約されたフレーズ。これがスマートです。

そして、短いフレーズでも、**こだわりたいのが、ひらがな・カタカナ・漢字のバランス**です。

「しあわせ」と書くか、「幸せ」と書くか？　ひらがなが多ければ、一般的には、より柔らかなイメージになります。

「きっかけ」と書くか、「キッカケ」と書くか？　カタカナを多用すれば、全体的に若い印象になりますが、使いすぎればよくも悪くも、今度は重みのようなものが薄れてしまいます。もちろん、漢字ばかりでは、かたくなってしまいます。

では、どう考えればいいのか？　まずは社風だったり、業種・業態、そのプロジェクトの内容によって、ひらがな・カタカナ・漢字のバランスを、どのくらいのパーセンテージ

漢字・ひらがな・カタカナのバランスでスライドの印象はこんなに変わる！

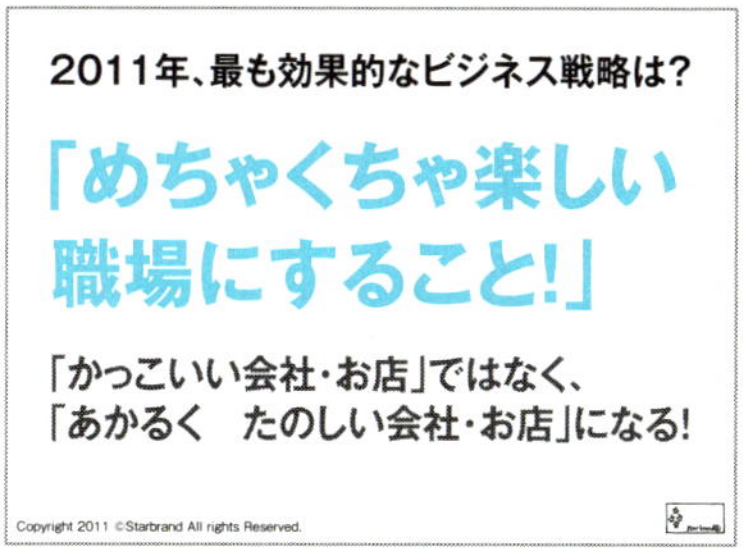
2011年、最も効果的なビジネス戦略は?

「めちゃくちゃ楽しい
職場にすること!」

「かっこいいい会社・お店」ではなく、

「あかるく　たのしい会社・お店」になる!

Copyright 2011 ©Starbrand All rights Reserved.

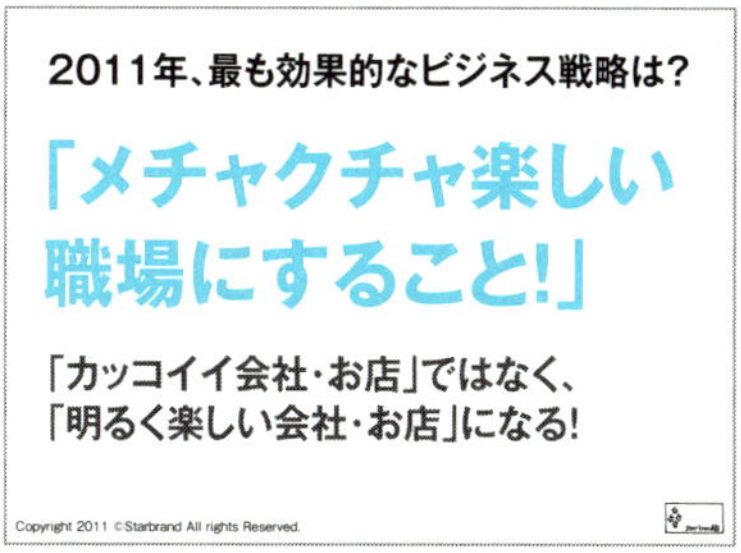
2011年、最も効果的なビジネス戦略は?

「メチャクチャ楽しい
職場にすること!」

「カッコイイ会社・お店」ではなく、

「明るく楽しい会社・お店」になる!

Copyright 2011 ©Starbrand All rights Reserved.

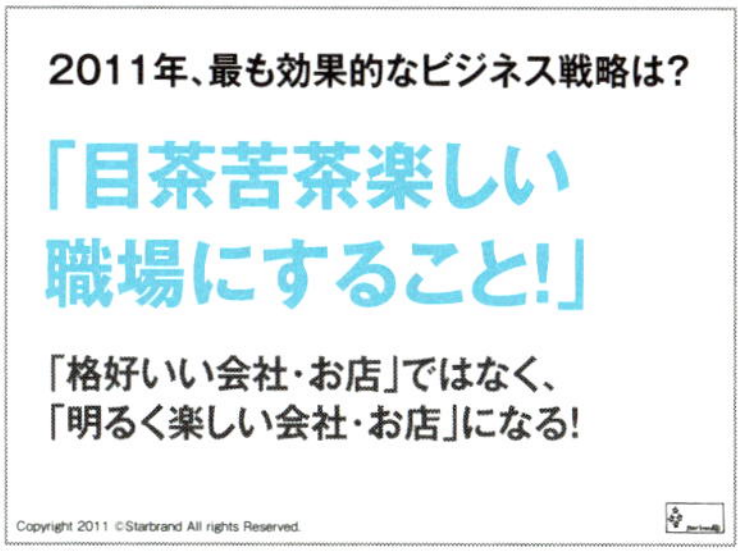
2011年、最も効果的なビジネス戦略は?

「目茶苦茶楽しい
職場にすること!」

「格好いい会社・お店」ではなく、

「明るく楽しい会社・お店」になる!

Copyright 2011 ©Starbrand All rights Reserved.

で使えばいいかを考えてみてください。

また、話し手自身が社会人デビュー何年目なのかも考慮して、年相応な表現も心がけたいですね。


そして、何よりも優先すべきは、やはり**相手にとっての読みやすさ**です。

「……出来ます」にするか、「……できます」にするか。もしくは、「かっこいい」にするか、「カッコイイ」にするか、それは、その文章全体のバランスを見て決めましょう。

ひらがな・カタカナ・漢字のいずれかが、同じ文章の中で極端に多くならないように注意をし、読む人が「あれ？」と二回読み返すことがないように配慮してあげれば、それで正解です。ひらがな同士がくっついていると、それが時に読みにくい場合もありますね。

「起業家」と「企業家」など使い分けが難しい漢字はダブルチェックです。


また、「カッコ」の種類もたくさんあります。その使い分け方についても、自分なりのルールをつくりましょう。

ちなみに、書籍のタイトルを示すときは二重カギカッコ（『』）を使うといった、一般的なルールもあるので、ここも注意が必要です。

効果的なアニメーション

パワーポイントの文字・画像・図形などに動きを加える「アニメーション機能」は、たしかに便利。でも、やみくもに使うのは考えものです。文字や写真が、あっちこっちから、毎回違う出方をするのは、最初は楽しくても、見ている側からすれば、話し手の独りよがりに感じてしまいます。

立ち返るべきは、あくまで「伝えたいメッセージが、しっかりと伝わるか?」、そして「見ている人にとって見やすいか?」です。**「それに貢献しないアニメーションは使わない」、これが正解**です。

基本的に、ひとつのプレゼン資料では、ひとつのアニメーション機能を終始一貫して使い、文字や写真の出し方を固定する方がスマートに見えます。私の場合は、ほとんど「フェードイン」「フェードアウト」しか使用しません。

アニメーションを組んだら、しつこいくらい何度も確認しましょう。スペルチェックと同じくらい、ここにはチェックが必要です。

スライド数が多ければ、アニメーションにミスがある可能性があります。また、プレゼンのデータを、USBメモリなどで他のPCに移すと、バージョン違いで、思っていたようにアニメーションが動かないときもあるので、要注意です。

また、これは意外な落とし穴かもしれませんが、**アニメーション機能を使えば使うほど、プレゼンには時間がかかります。**「プレゼン時間で考えれば、スライド数は適当なのに、時間を大幅にオーバー」なんていうときは、アニメーションの組み方が、その一因になっている場合が多いです。

待ち受けのスライドと、終わりのスライド

プレゼン開始15分前から席に座って待っている人もいれば、ギリギリになって駆け込んでくる人もいます。プレゼンがはじまってから、遅れて入ってくる人もいるでしょう。

でも、大多数の人は開始前に席についているはずです。その方たちが味気ないスクリーンを見て待つことがないように、ここはぜひとも「待ち受けスライド」をつくりましょう。

あなたの携帯電話に待ち受け画面があるように、あなたのプレゼンにも待ち受けスライドがあるとナイスです。それは文字通り、会場でプレゼン開始を待っている人たちが目にする、スクリーンに投影された最初の……、いや〝ゼロ枚目〟のスライドのことです。「そんなこと、もうやっているよ」という方もいらっしゃるかもしれません。でも、それは単にプレゼンのタイトルが記されたスライドだったり、企業ロゴや、イベントのロゴがついたスライドになっていることが多いと思います。

私が提案したいのは、それを**スペシャルサンクス的なスライド**にすることです。私自身も、よくやっているのですが、そのプレゼンに関わった方々への感謝を込めて、たくさんの名前を羅列します。文字だけではなく、そのプレゼンのメイキング的な写真や、象徴となるようなイラストも、そのスライドにバランスよく配置しておくと、なおいいと思います。謝辞の中に「ご出席の皆さま」と記すのもお忘れなく。

「待ち受けスライド」で感情を伝えよう

"BIKE-to-WORK DAY"の
導入について

「全スタッフが自転車で通勤」で新しいイメージを!

SPECIAL THANKS:

森川さん（ブランド戦略室）
鵜島さん（リテール統括部）
岩城さん（財務部）
炭竈さん（経営企画室）
高橋さん（経営企画室）
池田さん（小道具）
藤井さん（PR部）
足立さん（PR部）
佐藤さん（CSR室）
新屋さん（大阪営業所）

参加者の皆さま:

本日は、期末のお忙しいときにお集まりいただき、
本当にありがとうございます!

スペシャルサンクス的なスライドなら
場の雰囲気もグッとよくなります!

実際にプレゼンをするのはひとりかもしれませんが、そこに至るまでに関わった人は、本人以外にも、たくさんいるはずです。そういった人たちに、スライド上で感謝するのは、ビジネスマナーとしても大事です。

そのスペシャルサンクス欄に、自分の名前が載っていることを喜ばない人なんていませんね。ですので、はじまる前から、会場の雰囲気も柔らかになります。

一番最後のスライドについても同じです。単に「The End」で終わってしまうのでは、実にもったいない。再びスペシャルサンクス的なスライドで終わりましょう。実際に、ひとりずつのお名前を読み上げ、感謝を述べるのもいいかもしれませんね。

プレゼン前後の予定にもよりますが、多くの場合、この待ち受け画面こそ、実は参加者に最も長時間見られるスライドだったりします。

「終わりのスライド」という話で思い出しました。大抵の場合、自分が思っていたよりも、プレゼンに費やす時間は、本番でオーバーします。練習では時間内に収まっていても、本番はまた違います。

また、参加者が揃わず、スタートが遅れる可能性もありますので、スライドをつくるときは、時間に対して、ちょっと控えめなくらいがちょうどいいです。

ギリギリ病を克服する

飛行機での移動中にプレゼン資料をつくろうと、バッテリの充電もばっちりのPCを開こうとしたら、気流の影響で揺れまくり。恐くて怖くて、とてもそんなことしている場合じゃない……。

新幹線に乗っているうちに済まそうと思っていたプレゼン資料。でも、お腹が空きすぎて、そんなエネルギー、どこにもなし。ついでに、隣の人の発する空気が好きになれなくて、全然気分が乗らない……。

プレゼン当日の朝早くから、カフェでつくれば間に合う計算だったのに、こんなときに限ってPCの動きが非常にスロー。このままではタイムオーバーかも……。

忙しい社会人生活の中で、どうしてもプレゼン資料は「ギリギリにつくる」が当たり前になりがちですが、**ギリギリ病が慢性化すると、それがいつしか大きな失敗を招く**ことになるかもしれません。

プレゼン資料は、時間的と気分的な余裕を持ってつくるのが、心身双方に好ましいです。「ちょっと早すぎるかも」と思えるくらいの段階から、パワーポイントでストーリーの骨子を組んでおくと、その後の普段の生活の中でも、そのプレゼンに関してのアンテナが自然に立つようになります。

何も話すことや、書くことが決まっていなくても、いいのです。ブランクのスライドをつくり、「ここは○○の説明」とだけ書いておけば、気分もだいぶ楽になります。

また、ここまで進めておくと、面白いように次から次へとアイデアが生まれ、そのストーリーの流れや、資料に盛り込む情報に、**何度もチューンナップを加える**ことができるようになります。

「あそこは違う写真を使った方が、もっとわかりやすくなるかも」「あのスライドは、ちょっと話がかたい場面だから、イラストを入れてバランスをとろう」など、余裕があるからこそ、「ラスト10%のツメ」も発揮しやすくなります。

スライドにかけた時間とエネルギーは、不思議と見ている人に伝わるものです。だからこそ、「プレゼン資料はギリギリでつくらない」といういい習慣をつけたいですね。

EXERCISE

メッセージを
強調するための象徴

伝達力を強化する

この本も、いよいよ終盤です。ここまで読んでくださって、本当にありがとうございました！　また、大変おつかれさまでした。ちょっと休憩のような感じで、ここでは、「メッセージを、より強く伝えるために、プレゼンのスライドに載せるべき写真やイラスト」について、遊びながら進めていきたいと思います。サラッと眺めてみてください。

たとえば、プレゼンの一場面。プロジェクトの概要を説明したあと、あなたはまとめに入ろうとしているとします。

「……これをしっかり仕組み化すれば、わが社には今後も優秀な人材が自然と育っていくことと思います。これはいわば、職場によりよい土をつくる仕事です」

この場面で、あなたはスクリーンに映し出すスライドに、どんな写真や絵を入れますか？

もちろん、このセリフを短く編集・抜粋したキーワードやキーフレーズも、文字として入っていることでしょう。

でも、さらにその前後左右に、この強い想いを伝えるための、もうワンプッシュ。ワンプッシュするための写真やイラストがあるとベターです。

私ならば、写真かイラストかは全体の体裁にもよりますが、このシーンには、きっと「ふんころがし」のビジュアルを持ってくるでしょう。

ふんころがしは、ただやみくもに糞を転がしているだけではなく、実はあのアクションをすることによって大地に栄養を運び、より豊かな土壌をつくることに貢献しています。

このことを説明するか否かは、与えられた時間のことも含めて考えなくてはいけませんが、聞き手の中には、こういうメッセージに気がつく人もいるもので、クスッと笑ってくれたりします。もしくは、そのビジュアルがあることで、プレゼンでのメッセージを、より強く受け止めてくれたりします。

この例は少しヒネったものかもしれませんが、同じような感覚で、あなたの伝えたいメッセージを強化するビジュアルは、必ず見つかると思います。スライドのスペースや時間が許す限り、ぜひプレゼンの内容・体裁に合った形で資料に華をそえてみてください。

考えてみれば、おせち料理も、そんな風にできていますね。語呂合わせだったり、その食べものの元になっている生物や植物の生態や見た目に縁起をかけ合わせたり……。「月」や「羽」などの、代表的なジュエリーのモチーフも、これと似ています（「月」は満ち欠けする姿から「成長」や「変化」「女性らしさ」の象徴であり、「羽」は身につけることで「羽ばたく」「上昇する」という意味が込められています）。

「アイコン力」を伸ばすためのクイズ

伝えたいメッセージを、簡単な絵やモチーフで表現する能力を、私は「アイコン力」と呼んでいます。

アイコン（icon）は、今でこそコンピュータの用語のようになっていますが、英会話の中では頻繁に登場する一般的な言葉です。でも、その意味は、さほど変わらず「象徴する像」や「記号」といった感じです。

道路標識や、空港内の案内も、あれらは全部アイコンです。文字で表現していなくても、その看板に描かれた「像」や「記号」だけで、私たちにメッセージを伝えてくれています。

繰り返しになりますが、このアイコン的なビジュアルが、あなたのプレゼンスライドに載っていれば、それはあなたの強い味方になってくれるはずです。

では、こんな場面のスライドには、どんなアイコン的な写真やイラストが載っていればいいと思いますか？

ぜひ、遊び心を忘れずに、ちょっと一緒に考えていってみましょう！

動物、植物、建物、場所、歴史的人物など、それが何でも構いません。次のメッセージをプレゼンのワンシーンで伝えたいときに、それを後押しできる象徴をリストアップしてみてください。

Q1

「スピーディである」
「従来のものよりも
スピードが上がった」というような、
商品やサービスの"速さ"を
プレゼンのワンシーンで
強調したいとき。

ANSWER

通常、この場合には
「ウサギ」が用いられることが多いです。
他にも「ジェット機」や「新幹線」
「レーシングカー」「彗星」など、
他にもいろいろ考えられますね。
カジュアルで内輪なプレゼンであれば、
早食いで有名な同僚の食べている姿の写真も使えます。
その手が速すぎてブレていれば、
皆きっと笑ってくれます（笑）。

Q2

「ここから変わる」
「大きなチェンジがはじまる」など、
モノゴトがいい方向に
“変化”していくということを、
プレゼンのワンシーンで
強調したいとき。

ANSWER

わかりやすい例でいうと、「蝶々」です。
イモ虫から、左右対称でカラフルな
美しい姿に変わる蝶々は、
古今東西「変化の象徴」です。
タトゥーのモチーフになることも
多いですが、あれも何かのきっかけを
経て「ここから変わる」という
意思表示で入れる人が多いです。
この他にも、たくさん考えられると思います。
チームで話し合ってみてください。

Q3

「ここだけは死守したい」
「ディフェンスをかため、
崩されないようにしたい」など、
何かを“守る”ということを、
プレゼンのワンシーンで
強調したいとき。

ANSWER

「盾」「お城の石垣」
「アメフットのヘルメット」……、
守備の象徴もいろいろあります。
「アルマジロ」や「ハリネズミ」でも、
そのメッセージは伝わります。
でも、そこを「頭と手足を引っ込めた状態のカメ」
にしてしまうと、
今度は消極的な印象を聞き手に与えかねません。
そんなことも考えながら、
ビジュアル選びをしてみましょう！

PART7

プレゼン上手になるための、毎日の練習

生活の中で「プレゼンの練習をする」という発想

大学で政治学を専攻していた私は、学部の方針で、プレゼンやら、ディベートやら、とにかく毎日のように、たくさんの人の前で、何かしらの発表をさせられていました。

そんな学生生活に辟易としていた私に、教授がこんなことを言ってくれました。

「学生のうちは、プレゼンで失敗しても、メッセージが伝わらなくても、それは自分の成績にしか響かない。でも、社会に出たら、そうはいかない。自分のキャリアや給料に大きく影響するし、会社や同僚にも迷惑をかける。だから、君は、ここでたくさん経験を積んだ方がいい。そして、できるだけたくさんの失敗をしていけ」

その頃は、よく理解できませんでしたが、今となっては「たしかに」と納得せざるを得ません。

大人になってから、プレゼンの練習をする機会は、そうそうありません。**すべてが本番。**そして、教授の言う通り。それは地位や収入に影響します。

だから私は、**普段の社会人生活の中でも、「プレゼンやトークの練習をする」という発想が大切**だと考えています。

この章では、私が普段から行なっている、ちょっとした習慣をシェアしたいと思います。

毎日の会話でアドリブ力を鍛える

この書籍は主にハワイのホテルで執筆しています。といっても、ずっとホテルに缶づめというわけではなく、ちょこちょこクルマで出かけています。

今朝もクルマを出そうと、エントランスにいる、いつものバレーパーキングのスタッフにお願いをしました。クルマを持ってきてもらったお礼にチップを渡そうとして思い出しました！　そう、昨夜、私は小さいお金を持ち合わせておらず、彼にチップをあげていなかったのです。

そのことを謝りながら、「これは昨夜の分。そして、これが今日の分ね」とチップを渡すと、彼は私に笑顔でこう返してきました。

「明日の分は？」（笑）

皆さんもご存じのように、海外ドラマのアメリカ人同士の会話なんかでは、聞かれたことに対して、よくも悪くも、その相手は、ほとんどまともに返しません。ユーモアや、ウィットの利いた言葉で返す、これが半ば常識です。

事実、アメリカのビジネスの現場では、**「ユーモア」も重要な能力**とされています。


ユーモアは、多くの日本人が最も苦手とするところですが、プレゼンテーションにアドリブを加えなくてはいけないときや、質疑応答・フリーディスカッションのときには、あるに越したことはない能力です。

しかし、これはすぐに身につくものではありません。でも、普段から、**「何かを聞かれたら、それにまともに答えない」という習慣**を持つと、段々とユーモアやアドリブのセンスが強化されていきます。

ほとんどの日本人は真面目なので、聞かれたことに対してスマートに即答しようとしてしまいます（もちろん、そうしないといけないシチュエーションでは、そうしてください！）。

でも、それが友人同士のカジュアルな場面なら、何かを聞かれたら、ユーモアとウィットで切り返す！　リターンエースを決められるようになってきたら、プレゼンの現場でも同じように笑いを生むことができると思います。

では、問題です。あなたは死刑囚です。これから銃殺刑を受ける立場にいます。今まさに、縛りつけられた状態で、現場は張りつめた空気に。関係者も、みんな見守っています。遠くでは複数の人が銃を用意している不気味な音が聞こえます。

そして、係の人があなたにこう聞いてきました。

「最後に何か言いたいことは？」

あなたは、これにまともに返してはいけません。緊張した現場がドッと沸くような切り返しを、ユーモアたっぷりにしてみてください。

模範解答は、これです。

「あのぉ……、防弾チョッキもらえます？」

話の流れを変える役を買って出る

ＰＡＲＴ４の最後で、「プレゼンは空気をつくり、空気を制すること」と書きましたが、それを上手にこなすためには、そもそも「空気を読む」や「空気を感じる」という力が欠かせません。

いつもの生活の中で、この能力に磨きをかけていくためには、何気ない仲間同士の会話でも、**その空気の流れ方を読み切る意識を持つ**ことです。

グループの雰囲気がいいのなら、その理由は何なのか？　もしも雰囲気が悪ければ、それはどうしてそうなのか？　空気を読むクセをつければ、それは必ずプレゼンに役立ちます。

さらにステップアップを図るなら、これに加えて、「その場の空気を変えること」に挑戦です。話題に入れていない人がいたら、上手にリードして話を振ってみる。しゃべりすぎの人がいたら、機嫌を損ねないように、全体のバランスをとってみる。どんなに小さなグループでも、その中で優秀なファシリテイターになれれば、プレゼンも今より自信を持って臨めるはずです。

話の流れをいい意味でコントロールすることは、ある意味「その場を和ます」ということ。それを私は「和術」と呼んでいます。

常に起承転結で組み立てるクセ

私がかつて勤めていた会社では、7～10日くらいかけて行なう、泊まりがけの厳しい研修がありました。その中で、毎日行なうのが「トーストマスター」と呼ばれる、人前で話す訓練です。

トーストマスターには、「乾杯の音頭をとる人」という意味があります。

研修では、きっちり3分間という時間の中、ほぼ即興で、人前で話すことを繰り返します。「褒める」「改善点のアドバイスをする」といったフィードバックは、そこで聞いている人たち全員で話し手に対して行ないます。

その場に特定の先生役がいないのが特徴で、「ひとりひとりがプレゼンターであり、ひとりひとりが先生」という全員参加型のユニークなトレーニングです。

慣れない頃は3分を遥かにオーバーしたり、または短すぎたりと、いろいろなハプニングがあります。またトークの組み立てがうまくいかなかったり、途中で真っ白になって話が止まってしまうなんてことも、しばしば……。

でも、訓練を重ねると、時計がなくても、誰でもピタリと3分で終えることができるようになります。また、話の展開も慣れたもの。それぞれが、クリエイティブなしゃべりを披露しはじめます。

プレゼンはもちろん、乾杯の音頭でも、朝礼のちょっとした小話でも、基本としておさえておきたいフォーマットは、やはり古今東西親しまれている「起承転結」です。

ＰＡＲＴ５の中で、「決まり文句と、フォーマット通りの話はやめよう」と書いたのに矛盾しているようですが、そこでも記したように、まずは基本形をマスターしてから、崩すのが大事。その基本形のひとつが、この「起承転結」なのです。

普段の友人との会話の中でも、**常に「起承転結で組み立てること」を意識すれば、伝達力は格段にレベルアップ**します。

それが当たり前のこととしてできるようになったら、そこからクリエイティビティを発揮していけば、順番として最高です。こうして、人はプレゼンの達人になっていきます。

話を少し戻しますが、「トーストマスターズ・インターナショナル」という歴史ある非営利団体が存在します。１００カ国以上にクラブがあり、日本でも各地で活動をしています。入会は誰でも可能で、全世界では25万人もの会員がいます。

毎年コンテストも行なっているので、パブリック・スピーキングのスキルを磨きたい方は、ぜひチェックしてみてください。

社会人にとって大切な質疑応答力

皆さんが考える「頭のいい人」って、一体どんな人ですか？

正解はありませんし、10人いたら10通りの解答が出てくると思いますが、私は普段から、これには「するどい質問ができる人」と答えることが多いです。

例外もあるかもしれません。でも、「するどい質問ができる人」は、１００％すべてを理解した上で、なおかつ質問を受ける側が考えもしなかったことを聞いてくるわけですから、それは私にとって「この人すごいな」と思える瞬間だったりします。

それだけではなく、私は、**この「質問力」、そしてそれに「答える力」は、今よりプレゼン上手になるために欠かせない力**でもあると思っています。

「プレゼンテーション」という行為は、見方を変えれば、それは「相手が聞きたいことに答えること。それをできる限り上手に教えてあげること」でもあります。

さらに言えば、プレゼンづくりは、「何を知ったら聞き手は満足なのか？」「だったら、わかりやすくこう伝えていこう」という自問自答の連続だったりします。

つまり、因数分解すれば、多くのプレゼンは全部「質問」と「解答」で織り成されているのです。

ということは、普段の生活の中でも、「質問すること」「答えること」を上手にできる人は、プレゼンもまた、巧みにこなせる人である可能性が高いです。

トークのテクニックは別としても、私の経験上、この力がある人は、事実、プレゼンの構成づくりに長けていることが少なくありません。

そして、この「質問する力」「答える力」は、簡単に普段の社会人生活の中で磨きをかけることができます。

普段の会話で、ちょっとバランスに注意すれば、それで十分です。あなただけしゃべりすぎずに、ひとつのことを話したら、ひとつ相手に質問をしてみる。こうして質疑のキャッチボールでバランスをとっていくだけでも、会話は上手になるし、プレゼンに役立つ力も蓄えることができるので一石二鳥です。

プレゼンは、「質問」と「解答」でできている

>> 普段の生活の中で「質問力」と「質問にシンプルに答える力」を伸ばせば、それはそのままプレゼンに活かすことができます。

時代にマッチした「ワンフレーズにまとめる力」

ジョージ・ルーカスさんは、ご存じのように『スターウォーズ』の監督としても有名な伝説の人です。でも、そんな名監督も、一作目のスターウォーズにとりかかる前は、製作にこぎつけるまでに大変な苦労をしました。構想していた『スターウォーズ』の内容をプレゼンするために、たくさんの映画製作会社を訪れたのですが、どこも答えは決まって、「NO」。首をタテに振る人はいなかったそうです。

そんな最中に出会った、ある多忙な映画関係者。あまりにも忙しいので、ジョージ・ルーカスさんに、こう言いました。

「一言で、この映画を言い表してくれないか？」

ジョージ・ルーカスさんの答えは、実に明確でした。

「これは、スペース侍ムービーです」

このワンフレーズが決め手となり、今日も世界が熱狂し続けているスターウォーズシリーズは誕生しました。

あらゆることが、どんどんスピーディになっている今の時代。ミュージシャンの歌も、芸人のネタも、ネット上の情報も、書籍の文章も、それに合わせるかのように段々と短くなってきています。

では、プレゼン自体が短くなってきているかといえば、それは各職場によると思います。でも、どちらにせよ、情報が異常に多い世の中において、ジョージ・ルーカスさんの例にあるように、**自分の言いたいことを「ワンフレーズにまとめる」という作業**をプレゼンの中でしておいた方が、受け手の印象に残ることは間違いなさそうです。

人のあだ名をつけるのが上手な人っていますよね？　「伝えたいことをワンフレーズにまとめる能力」も、それに近いことがあります。言い換えれば、それは物事にあだ名をつけるのと同じようなものですからね。

「つまり、それは『○○界の○○』ですね」

「簡単にいえば、『○○バージョンの○○』かなと思います」

「……というわけで、これは『〇〇のプチ版』ということになります」

こんなまとめ方が、プレゼンの随所でできれば、ただでさえ毎日受け取る情報が多い聞き手の方たちにも響くはずです。ワンフレーズだけなら、覚えるのに手間はかかりません。

しかし、このように情報を削ぎ落してワンフレーズにまとめる力は簡単なようでいて、なかなかどうして、なぞかけのようにコツが要ります。

だから、普段の会話の中でも常に練習。友人との会話、同僚との会話でも、「つまり、それは『〇〇シーンの〇〇』だね！」と、**合いの手を入れる意識**を高めていきましょう！

「オバマジョリティー」という言葉を、ご存じですか？　プラハ演説で、「核兵器を唯一使った国として、それを廃絶する道義的責任がアメリカにはある」と語ったオバマ大統領。それを聞いた広島市長である秋葉忠利さんが、「核のない世界をオバマ大統領と共に目指そう！」と、そのキャンペーンにつけた名前です。

「オバマ」と「マジョリティー（多数派）」をミックスしたワンフレーズ。私は感銘を受けました。きっと世界中の人たちの心にも染み入ったことでしょう。

小学5年生にもわかるように説明する

先ほど話題に挙がった「頭のいい人」の定義。この話は、皆さんいろいろ意見があって、どんどん深く、そして興味深くディスカッションが広がっていくのですが、その過程で登場することが多いのが、「頭のいい人＝難しいことを簡単に説明できる人」という定義です。

たしかに、「難しいことを、難しく説明する」よりも、**「難しいことを、シンプルにわかりやすく説明する」**という方が、いろいろ考えなくてはいけないことが出てきます。「120％理解しているからこそ、どんな聞き手にも合わせて説明ができる」という側面もあると思いますし、また単にわかりやすく説明をするだけではなく、相手がその話題に興味を持てるように、事例や動線も考えなくてはいけないので、非常にたくさんのスキルを必要とします。そういうことが全部こなせる人は、頭のいい人といえるかもしれません。

難しいことを、シンプルに伝える

>> 「難しいことを、難しく伝える」は、誰にでもできること。
何だって「やさしく伝える」に越したことはありません。

でも、これは決して他人事ではありません。プレゼンをする人は、誰もがこの「頭のよさ」を発揮しないといけない立場にあると思います。

技術のことを、バックグラウンドが異なる文系出身のマーケターに説明をする。デザインやファッションについて、今までそれらに興味を持ったことがない遥か年上の管理職に教える。それを、**いつも「わからない方が悪い」で片づけてしまっては、プレゼンに進歩はありません。**

私は、本業であるブランド戦略のコンサルティングの現場で、よく「それを小学5年生に説明するとしたら、どうしますか?」と、クライアントに尋ねます。

これは、そこまでレベルを下げた方がいいという話ではありません。そのくらいまでの伝え方ができたら、あとは相手が誰であろうと**「伝え方の調整が可能になる」**ということです。

普段の生活の中でも、「これを小学5年生にわかってもらうには、どうしたらいいだろう?」と考えてみる。プレゼンにも役に立つので、ぜひ習慣にしてみてください。

メモ帳のフル活用

ベストセラー作家で、元ブリタニカ世界ナンバー2のセールスパーソンの和田裕美さんは、テレビを観ながら、そこで見聞きしたことをメモする習慣があるそうです。で、当然、他の人も同じようにしているのかと思ったら、普通はもっと気楽にテレビを観賞するものだと言われてビックリ！　自分が珍しい部類に入ることを、そこではじめて知ったそうです。

私は自分がヘンな人の部類に入ることを認識していましたが、和田さん同様、メモ帳を片手に持ちながらテレビを観るタイプです。

ユニークな会社のルールや、素敵な生き方をしている人。人に伝えたくなる世界の格言や、深くて笑えるアメリカンジョーク。そして、統計。テレビは、そんな情報の宝庫です。プレゼンで使えるトピックが山ほどあります。

メモ帳に記した、ちょっとしたストーリーは、すべてペップトークになりえます。ペップトークとは、サッカーの試合などで、ハーフタイムに監督が選手に向けて語る、ちょっとした小話のことです。

その小話は、大抵の場合、サッカーとは直接関係がない話なのですが、深いところで、それは監督が伝えたいメッセージの暗喩になっていたりします。ペップトークを聞いた選手は、監督の想いを受け止め、モチベーションを高め、後半戦に挑む。ロッカールーム内は、そんな具合になっています。

同じように、プレゼンも随所にペップトーク的なものが入っていると、その内容は断然リッチになります。

そのためにも、とにかくメモ！　一見、関係ないようなネタでも、興味深いものは、すべてメモをとっておく。この習慣が、差のあるプレゼンを生み出します。

アイデアの神さまは気まぐれで、ＰＣの前には、なかなか現れてくれません。多くの場合は、電車での移動中や、話のリズムが合う友人との会話中に降りてきます。

皆さんも経験があると思いますが、突然アイデアが浮かんだとき、「絶対に覚えておこう」と思っていても、そのあと無事に思い出せる可能性は高くありません。

だから、私は100％常にメモ帳を肌身離さず持っています。いいアイデアやワーディングは、シャワーの途中に浮かぶことも多いです。そうしたら、私はシャンプーを中断してでも、それをメモすることを優先します。

平日も、週末も、関係ありません。メモ、メモ、メモ……。プレゼンをうまくこなすためには、まずは芸人のごとく、ネタ帳の準備です。

勉強は良質なエンタメから

プレゼン力の向上のためには、もちろん他の人のプレゼンを研究することも大事です。

でも、私はそこに幅を持たせ、演劇やライブなどエンタテイメント全般から学び、それを**プレゼンに応用するという習慣**を普段から持つことを、おすすめしたいです。

たとえば、シルク・ドゥ・ソレイユが行なう各演目や、ブルーマンのショーは、開演のずっと前から、待ち時間も参加者を一切飽きさせない、ありとあらゆる工夫を会場内で行なっています。実際、私も何度も足を運んでいますが、毎回大変勉強になります。

歌舞伎役者のマユの動き、能面のアゴの角度、落語家の上手・下手の使い分け。ロックバンドのライブのオープニングやエンディング、途中のMCや、曲と曲のつなぎ方。大なり小なり、あなたのプレゼンに活かせるアイデアが、良質なエンタテイメントの中には必ずあります。あとは、それを次回のプレゼンで実際に応用してみるだけです。

ポイントは、**週末に完全にオフモードにならない**ことです。プライベートだからといって、仕事脳のスイッチを切ってしまうと、エンタテイメントは、ただの娯楽になってしまいます。

プレゼン力アップを目指すのならば、いい意味での公私混同が必要です。オン・オフのスイッチではなく、ボリュームのように考えるといいかもしれません。休日に多少はボリュームを絞ったとしても、完全に消音はしない。そんな感じでアンテナを立てながら、エンタテイメントを観に行きましょう。

美術館に関しても同じです。絵画や写真を見るときも、その被写体やテーマに注目する

プレゼンの勉強は、良質なエンタテイメントから

>> 月曜日のプレゼンテーションのアイデアは、目を凝らせば、週末に楽しむエンタテイメントの中に見つけることができます。

だけではなく、スペースの美しさに着目していきましょう。

「余白美」という言葉がありますが、計算し尽くされた余白美は、そう、パワーポイントのスライドに、バランスよく文字や写真を配置するのに、大いに役立ちます。もちろん、色使いなんかも勉強になりますね！

勇気の出る映画を観ること

一般的にアメリカ人は日本人よりも、普段の生活の中で「スピーチ」に注目したり、考えたりする傾向にあります。

その証拠に、多くの人が「マイ・フェイバリット・スピーチ」といえるものを持っていて、聞けば「やっぱりマーチン・ルーサー・キングの『I have a dream……』が最高でしょ」とか、「いやいや、スティーブ・ジョブズが２００５年にスタンフォード大の卒業式でやった『Stay foolish, stay hungry……』がいいね」と、あたかも「このミュージシャンの、あの曲が好き」というような感じで、次から次へと出てきます。

最近のものでいえば、女優のサンドラ・ブロックが「ラジー賞（アカデミー賞の前日に行なわれる、最も駄作だった映画や俳優に贈られる賞）」に選ばれたときに、「あんたたち、ちゃんと映画観てないんでしょ?」と、皮肉たっぷり、自分の映画のDVDを段ボールいっぱいに持ってきて、会場の人に配ったスピーチも人気ですね。

「好きこそモノの……」というように、プレゼン上手を目指すなら、**普段から人のスピーチやプレゼンに着目するのは、ひとつの手**だと思います。

私にとって、お気に入りのスピーチは、映画『ラブ・アクチュアリー』の中で、ヒュー・グラントが演じるイギリスの首相が、アメリカの大統領に対してクギを刺す声明を発表するときのものです。

「……英国は小国かもしれないが偉大な国だ。シェイクスピアの国であり、チャーチル、ビートルズ、ショーン・コネリー、ハリーポッターを生んだ国だ。デイビッド・ベッカムの右足も素晴らしい。左足だって素晴らしい。イジメっ子の友だちは要らない。力でかかってくるのなら、私も強い姿勢をとる。大統領、ご覚悟のほどを……」

「言ってやったぜ！」と、このスピーチにイギリスは国をあげて大熱狂。一夜にして、首相はヒーローに！　この映画のひとつのクライマックスになっています。

……なんて、もちろんこれは映画の中の話。現実的には政治家ですから、ここまではっきり言えないとは思いますが、「スピーチひとつで、世界は変わる」が垣間見える、私が好きなシーンです。

この例のように、映画の中には、たくさんの名スピーチや、勇気をもらえる名ゼリフ、名シーンを見つけることができます。

私は、そういったものが含まれている映画や、何かしらの大きな〝不可能〟に立ち向かい、それを実際にやり遂げるというようなストーリーの映画を、プレゼンの数日前から観るようにしています。しかも、その多くは、そのときはじめて観るものではなく、何度も過去に鑑賞しているものを、繰り返し、半ば流す程度に観ています。

「そんなことが、人前でしゃべるトレーニングになるの？」と思われるかもしれませんが、普段から、もしくはプレゼン前夜に、勇気が出る映画を観るのは、メンタル面で大きな効果があると、私は思っています。

娯楽としてだけではなく、**「よりよいプレゼンの参考と、より強い勇気のため」という観点**で、それに貢献してくれそうな過去に観た映画を、ちょっとリストアップしてみてください。そして、「プレゼン前に観る」を試してみてください。

あなたにとって、少しでも精神面でプラスになれば、それは費用対効果の高いメンタルトレーニングになります。

ＤＶＤ鑑賞という話でいえば、普段から、もしくはプレゼンの前日に「お笑いのＤＶＤを観ること」も、私がよくやることです。もちろん、そこには芸人のトーク術や絶妙な間を参考にするという意味もありますし、自然と「プレッシャーを笑い飛ばそう」という気持ちがあるかもしれません。

もうひとつ大事なこととして、「聞く人を巻き込む」というイメージトレーニングに、お笑いのライブＤＶＤは大変役立ちます。「自分も明日は、こんな風にやっていこう」、そう思わせてくれる、素晴らしい教材です。

普段から、プレゼンの流れやセリフを頭の中でイメージするのも、それは必ずや力になると思います。そして、さらにそこを一歩深く踏み込んで、「プレゼンをして、人を巻き

勇気を得るために、プレゼン前には映画を観る

>> 映画には、名ゼリフや、勇気が出るようなスピーチが多く含まれています。プレゼンのイメトレには、もってこいです。

込む」イメージを持つクセをつけると、メンタル面が一層強化されることと思います。その点では、ミュージシャンのライブを収めたDVDを観ることも、効果的な方法です。

バスケットボールのフリースローを1週間かけて練習して本番に挑むのと、フリースローの成功を1週間かけて強くイメージしただけで本番に挑むのと、実際にやってみると、シュートが入る率は、そんなに変わらないことも、ある研究でわかっています。

「聞き手を熱狂させる」というイメージを強く持つことは、本当にそれを実現するための近道です。

サプライズの才能を磨く

あるとき、プレゼンの最後の方で、こんな演出をしてみました。そのときは、紙コップで各参加者にお飲み物を用意していたのですが、あらかじめ、そのコップの底、飲み物を入れる内側の底ではなく、当然のことながらその外側に、プレゼン前に手書きでメッセージを記しておいたのです。

飲み干したら透けて見えてしまう可能性もあるので薄いペンで書いたのですが、コップの裏を見る習慣がある人なんてそうそういないので、「ちょっとコップを上げて見てみてください」と言うまで、気がついた人はいませんでした。

詳しい説明は、また次の機会にしたいと思いますが、それらのメッセージはコップごとに異なるものでした。そのメッセージをベースに、その後グループディスカッションをしてもらったのですが、これは大変盛り上がりました。これは、ある種のサプライズです。

人は普段の生活の中で、いろんなことを無意識に予測しています。人との会話も先を予測しているし、プレゼンを聞くときも案外そうだったりします。

人が「これは面白い！」と感じるときや、グッと前のめりになるときは、**その予測をいい意味で裏切られたとき**が多いです。コントや漫才に引き込まれるのも、その会話が予測不可能なところにあると思っています。

ですので、「人の記憶に残るようなユニークなプレゼンをしたい」と思ったら、プレゼンの中に、聞き手にとって嬉しい、もしくは楽しいサプライズを盛り込むことが大事です。

とはいえ、プレゼン資料をつくるとき、プレゼンの構想をはじめるときになって、いきなり「サプライズをつくる才能」が開花するわけではありません。これもまた、普段の生活の中で磨いていくべきものだと、私は思っています。

歓送迎会、仲間のバースデイ、友人の結婚式……、社会人になってもサプライズの才能を磨く機会は、実はたくさんあったりします。

ちょっとした気の利いた演出を考えること。プレゼントを手渡すタイミングを考えること。そして、その渡し方を考えること。これらは、みんな「サプライズ」です。

人にとって「嬉しいサプライズを仕掛ける」ということは、「人を喜ばせることが大好きな証拠」でもあると思っていますので、私も普段から、こうしたことを大切にしています。

「サプライズの才能を、毎日の生活の中で磨いていく」

スティーブ・ジョブズは、アップルの新商品であるマックブックエアの発表の際、封筒から、その超薄型PCを取り出し、会場のどよめきを誘いました。こういうサプライズができたら、プレゼンはさらに盛り上がりますね。

PART8

プレゼン終了間際と、その後

明日が楽しみになる「まとめ」

プレゼンに限らず、私がミーティング時や、人との別れ際に大切にしていることの中に、**「必ずポジティブな雰囲気で終わる」**というものがあります。

それがプレゼンの場合なら、エンディングに向けて、聞いている人たちが、「いやいや、これは明日からが本当に楽しみだな!」と感じてもらえるラストに仕上げていくのが、終わり方としては最高だと思います。

必ずしも「最後の方で笑わせよう」という話ではありません。単純に、後半にかけて雰囲気を明るく楽しくしていけばいいと思います。

あまりヘビーな話題を持ち込まず、トントントンとリズミカルに話を進めていくことを心がければ、それだけでも十分。エンディングは、ポジティブなものになります。

いつだって
エンディングは、
ポジティブに！

>>「明日からが本当に楽しみだな」と思ってもらえる終わり方を心がけていきましょう。余韻はラストにかかっています。

ＰＡＲＴ４で、「今日のプレゼンの内容を、目次のような形で紹介しましょう」と書きましたが、同様に最後は「今日のポイントを、おさらいする」も、アイデアとしてはいいですね。特にプレゼンが長時間の場合は、それがあれば聞き手も助かると思います。

気になるＱ＆Ａ対策

プレゼンをする上で、話し手が心配事のひとつに挙げるのが、事後の質疑応答の時間です。たしかに、プレゼンの部分は自分である程度プランできても、質疑応答は何が出てくるかわからない未知の領域。どんなツッコミが入るのか？　サンドバック状態になってしまうのか？　プレゼン前、夜も眠れなくなってしまう原因のひとつは、ここにあると思います。

かといって、プレゼン後に質問や意見がまったくなければ、それもちょっと寂しいですよね。

ここでおすすめしたいのが、**「Q&A」ではなく、「FAQ」の時間を、プレゼン後に入れる**ことです。

「FAQ」は、Frequently Asked Question の略で、直訳するならば「よく尋ねられる質問」ということになります。ネット上で申し込むようなサービスでは、すぐに聞ける人がいないので、必ずといっていいほど、FAQのページがあります。あれです。

それと同じように、今回のプレゼンに関することで、よく尋ねられそうなことを、もしくはツッコまれそうなことを、あらかじめ自ら数問リストアップし、自作自演の質疑応答の時間を、プレゼンの後半につくってみてください。

そして、プレゼンの本編が終わったら、「……というわけで、以上がよく聞かれることに対する答えなのですが、それ以外で皆さんから何かあれば、ここで質疑応答の時間を設けたいと思います」とすれば、いろんなメリットがあります。

まず、質疑応答への不安が、それだけでもだいぶ払拭されます。

また、逆に聞きたいことがあっても、自分が率先して手を挙げて質問をするのは苦手な方も多いものです。しかし、この時間を挟めば、聞き手の皆さんも発言しやすくなります。

そして、それに関して付け加えるならば、質疑応答は最初に質問をしてくださる方のカ

質疑応答への流れは、グラデーションのように

>> 誰もが怖がる質疑応答。質問されそうなことは、あらかじめスライドにFAQとしてまとめておきましょう。

ラーに染まりがちです。それが素晴らしい質問であればいいのですが、困ったものや突拍子もないものの場合も少なくありません。

この「FAQの時間」は、ある意味で質疑応答を野放しにせず、しっかりと質問の質に動線を引く作業でもあります。ですので、最後にプレゼン会場の雰囲気がおかしくなるリスクを、これで軽減できます。

プレゼンに関わった、すべての人へ感謝する

綾小路きみまろさんが漫談の中で、「私の仕事は呼ばれないと、そこに行けない。勝手に職場に行ってはいけない仕事なんです」と言って、会場の笑いを誘っていたことを覚えています。

プレゼンも、ある意味そんなところがあります。どこかで勝手にやっていいわけではなく、呼ばれたり、来ていただいたり、わざわざ時間をとっていただいたりと、関わる人が多いだけに、普通に考えたら、そこには何かと**「感謝」が発生します**。聞き手のみなら

ず、プレゼンの制作と実現に関わった人を含めたら、それは結構な数になると思います。

もちろん、前出の「待ち受けスライド」で、または、プレゼン時に口頭で、そういった方々に感謝を述べることも、毎回欠かさずに行なっていただきたいです。

でも、それ以外にも、後日あらためてメールや手書きのカードなどで、今回のプレゼンを、あらゆる形でサポートしてくださったことへの感謝も大切にしていただきたいです。

私の場合であれば、照明やサウンド関係のクルー、フォトグラファー、学生のボランティアスタッフ、素敵なチラシをつくってくださったデザイナーなど、各講演会場で感謝をすべき人が実に多かったりします。

それでもできる限り、おひとりおひとりに挨拶をし、感謝を述べ、そして事後にお手紙を書くように努力をしています。

プレゼンをするあなたは、見方を変えれば、その日のスターです。

関わる人すべてに心から感謝をし、細かい心配りでそれを表現できるスターは、本当に素敵だと思います。

ちなみに、私の場合、感謝の気持ちを込めて、講演やセミナーを聞いてくださった方々に、何かしらのお土産的なプレゼントを必ず用意するようにしています。それを講演の最中か終わりの方に配ります。

ほとんどの場合、それはオリジナルのステッカーだったりします。これは参加者にしか配らない、ある意味レアなノベルティです。毎年デザインを変えているので、ありがたいことに私の講演・セミナーをリピートし、コレクションをしてくださっている方々も、全国にはたくさんいらっしゃいますし、また多くの方が手帳やPCに貼ってくださっているのを、よく見かけます。

また、ずっとニコニコうなずきながら、講演やセミナーを聞いてくださる方々の存在は、本当に嬉しいものです。そういった方々は、そのまわりの参加者にとっての心地よさにも偉大な貢献をしています。

私は各会場の、そんな人たちを講演中にチェックしていて、最後に数名選びます。そして、ステッカーよりも、もっと素敵なプレゼントを用意しています。それを「最高の空気をつくってくださって、ありがとうございます」の気持ちをこめて、全員の前で手渡すことをしています。

最後のひとりがいなくなるまでがプレゼン

「自分がしゃべり終えたら、そこでプレゼンは終了」というわけではありません。プレゼンの現場から、最後のひとりが去るまでプレゼンは続いています。

まだ会場にいるのに、スタッフと「いやぁ、疲れた、疲れた。早く帰りてぇ……」なんて大声で話しているのが聞こえたら、それまでの共感できたいい話も、すべてなかったことになってしまいます。

あなたのプレゼンの価値を落とさないためにも、ここはプロのエンタテイナーにとことん徹し、最後のひとりが完全に見えなくなるまで、**気を抜かない習慣**をつけましょう。

プレゼンの場が社外であれば、このあともさらに気は抜けません。

会場近くのカフェや駅には、さっきまであなたの話を聞いていた方もいらっしゃるかもしれません。そこで同僚と「今日の人たちには参ったな……」なんて話しているのを耳にしたら、せっかく30分前にプレゼンがうまくいっても台無しです。電車を使うならば、特に帰路の会話には気をつけたいですね。

結果がどうであれ反省会

音楽業界で知らない人はいない〝神〟と呼ばれる舞台演出家で、私のよきメンターでもある益子剛さんは、年間２００本以上ものライブの演出を手がけています。

数々のロックバンドのブレイクを見守ってきた益子さん。成功するバンドには、ある共通点があるといいます。それは「ライブ後の反省会を重視し、ディテールに至るまで話し合うこと。そして、それを次回に活かすサイクルを持っていること」です。

これは、ぜひ私たちもプレゼン後の習慣にしたいですね。うまくいかなかったときは、もちろん反省会。**成功したときでも、しっかりと反省会。**さらなる進化のために、関係者を集めたミーティングを開きましょう。

オフィシャルな反省会を開かなくても、そもそもプレゼンテーションが終わったその当日は、ことあるごとに「ああすればよかった」「こうすればよかった」と考えるものです。もしも、あなたが同じスライドを使って再度プレゼンをする予定があるのなら、どんなに疲れていても、そのスライドに手を加えるのは**プレゼン後から24時間以内に行なうべき**です。もちろん、これは配布資料にも同じことが言えます。

それ以上の時間が過ぎると、また他の仕事で忙殺されてしまい、「ああすればよかった」「こうすればよかった」のアイデアを忘れることはないものの、「もっとうまくなりたい」と強く思ったプレゼン直後の熱は段々と冷めていってしまいます。

善は急げ！　次の登板が、ちょっと先であったとしても、とりあえず資料だけは、早めに改善・修正しておきましょう。

ある一定期間内でプレゼン力を真剣に上げていこうと決めたら、ゴルフのスウィングと同じように動画で自分を撮影し、何度も繰り返し動きなどを確認するのも、ひとつのアイデアですね。

ENDING

これがいつも「最後のプレゼン」と考えながら

ここまでお付き合いいいただき、本当にありがとうございました。

私の話も、そろそろ終わりに近づいています。

私は、いつも**「これが自分にとっての最後のプレゼン」**と心で唱えながら、その日の講演やセミナーに臨みます。

今、私は年間およそ１００本の講演・セミナーを全国で行なっていますが、それがどんなに小さな会場でも、どんなにビッグイベントでも、そのすべてに全力投球。常に一生懸命です。そのときにできる最高のパフォーマンスを、これまでのプレゼンで１００％出してきたつもりです。

そして、その経験の中で実際、参加者の皆さんに喜んでいただけたこと、またうまくいったことを、今回の書籍にまとめてみました。これが今の私にできる最高のパフォーマンスであり、またプレゼンに関して持っているすべてのノウハウです。

これまで世にリリースされてきたプレゼン本とは、ちょっと考え方が違うかもしれません。でも、この本に書かれていることが、ひとつでも皆さんの未来のプレゼンやキャリアにとってプラスになれば、著者として、これほど嬉しいことはありません。

「挑戦権がもらえる」ということは幸せなことです。私にとって、この本を書くのは大きな挑戦でした。でも、「そのチャレンジができることへの感謝」を一日たりとも忘れず、むしろ「それを楽しむことが、挑戦権を与えてくれた人たちへのマナー」と考え、今日まで執筆をしてきました。

そして今、それは最後を迎えようとしています。

本文の中でも繰り返しましたが、実際にプレゼンをするのはひとりだとしても、時間を割いて聞きに来てくださった方はもちろん、当日まで準備に関わった人など、感謝すべき人は実にたくさんいます。

一冊の本が世にリリースされるまでには、大変な数の人が関わっています。

私に最高の挑戦権をくださった同文舘出版のスタッフの皆さん、編集担当の戸井田歩さん、本当にありがとうございました。この書籍は、最初の企画から2年の歳月を経て、今こうして書店に並んでいます。その間、「絶対に村尾隆介の代表作にしたい」と何度も言ってくださいました。大変な時間がかかりましたが、かえって「長い間一緒にお仕事できた」ということでよかったです（笑）。本当にお世話になりました。ありがとうございました！

それから、カバーデザインをしてくださった高橋明香さん。楽しい打ち合わせの数々、そしてもちろん最高の仕事、本当にありがとうございました。食事を中断して、常にメモをとる仕事熱心な姿が、いつもとても印象的です（笑）。また、「本を読むというよりも、あたかも読者の方がプレゼンを聞いているような雰囲気の書籍にしよう」という想いを、私よりも遥かに深く考え、これ以上ない素敵なデザインとイラストで形にしてくださったホリウチミホさんと須山奈津希さんにも、心からの感謝を、ここで示したく思います。ありがとうございました！

そして、いつも私の可能性を信じ、応援してくれる両親にも、ここで感謝を伝えたいと思います。

また、スターブランド社のスタッフ、そしてスターブランドCLUBのメンバーにも、心からの「ありがとう」を伝えたいです。本当に、ありがとうございました。

過去にどこかで私の講演やセミナーを聞いてくださったことがある全国の皆さん、何度もリピートしてくださる皆さんにも感謝します。いつも盛り上がってくださって、ありがとうございます。これは、皆さんと一緒につくった本です。近い将来、またどこかの会場でお会いできるのを心待ちにしています。

そして、最後に、ここまで読んでくださった読者の皆さん。「ありがとうございました」という言葉では、とても言い表し切れません。たくさんある本の中から、この本を手に取ってくださり、そして最後まで読んでくださり、感謝の気持ちでいっぱいです。私が楽しみながら執筆をしたことを感じてもらえれば、とても嬉しいです。

次のプレゼン機会という挑戦権を、ぜひ楽しんでいただけたらと思います。またお会いしましょう！

最後に「一番大切な話」

私の講演やセミナーは、その日のテーマとあまり関係ない、ちょっとした教訓話をして終わることが多いです。どこかの国の昔話だったり、いい感じの実話だったり、それは時と場合によって違うのですが、これも「プレゼンをしているように書いたプレゼン本」がコンセプトなので、そんな風に終わっていければと思います。

実は、私は普段あまり本を読みません。でも、心理学の研究結果や理論などはいつも気にしていて、そういった雑誌の記事なんかにはよく目を通しています。ビジネスやプレゼンの世界では心理学がとても重要。統計や行動心理を活かせるシーンが、たくさんあります。

先日、スタンフォード大学のロス教授による、あるユニークな心理学の研究を耳にしました。その研究が示したのは、「何か大切なことを人に伝える場合、普通に話してしまうと相手はそれを忘れてしまうので、最後にこんな言葉を付け加えた方がいい」というものでした。

いわく、その一言を会話の最後や別れ際に言われると、人は気になって仕方がなくなり、結果として言われたことを覚える傾向にあるといいます。

大切なことを相手に伝えたあとに、付け加えるべき一言は……、「あっ、やっぱり、今話したことは忘れてくれないかな?」というものです(笑)。

ですので、私も皆さんにこれをお伝えして、この本を終わりたいと思います。

今日読んだことは、ぜんぶ忘れてください。

We must enjoy first!

めちゃくちゃ 楽しそうに
プレゼンしよう.

SPECIAL THANKS

Thank you very much!
This book couldn't be published without you.

Editor…Ms.Ayumi Toida
Cover Design…Ms.Sayaka Takahashi
Illustration…Ms.Natsuki Suyama
Book Design…Ms.Miho Horiuchi
Photo…Mr.Hirotaka Shimizu

Support Members(S)…
Mr.Takanori Hamaguchi
Mr.Kazuhiro Kobari
Ms.Kaori Ohishi
Ms.Kayoko Yonaga

Support Members(A)…
Mr.Sho Kobira
Mr.Shinya Kunugi
Mr.Ryo Minamoto
Mr.Yuji Miyata
Mr.Youki Nouchi
Ms.Atsuko Ujihara
Mr.Toru Ujihara

Creative Team…
Ms.Yukiko Arai
Ms.Kaoru Goto
Ms.Atsuko Hatakeyama
Ms.Sari Hiranuma
Ms.Aya Murase
Ms.Seiko Murata

Pep Talk & Cheer…
Members of Starbrand Club Tokyo
Members of Starbrand Club Fukuoka

Parents…
Ms.Akemi Murao
Mr.Takashi Murao

Inspiration & Cooperation…
Mr.Masaaki Akaike
Ms.Tomoko Akitake
Mr.Ryuichi Aoki
Mr.Dancho
Mr.Tokio Godo
Ms.Kaeko Hino
Mr.Scott Imaye
Mr.Nobuaki Itoh
Ms.Hiroe Iwaki
Mr.Shugo Kamemoto
Mr.Shigeo Kawada
Ms.Hiromi Kiribayashi
Mr.Shinobu Kondo
Mr.Shinichi Kojima
Ms.Hiromi Kudo
Ms.Michiyo Kumabe
Mr.Masakuni Kumeda
Mr.Shun Kuwabara
Ms.Hiroko Masuhara
Mr.Tsuyoshi Mashiko
Mr.Akihito Manabe
Mr.Akira Mizota
Ms.Atsuko Murakami
Mr.Shunichi Namai
Ms.Tomoko Shiozawa
Mr.William Swinton
Mr.Masayuki Tadaishi
Mr.Shinichi Takaki
Mr.Yasunori Takahashi
Mr.Masatsugu Terada
Mr.Kouta Usui
Ms.Mitsuko Yanai

日本を上手に
プレゼンしたい

この書籍の印税の一部は、日本を訪れる人・日本に住む外国籍の人が、より日本好きになってもらえるように活動している〈JAPAN for EVERYONE〉に寄付されます。

私たちの国を、より楽しくプレゼンテーションしていけば、日本のファンは、もっと世界に増えていくはずです。

〈JAPAN for EVERYONE〉は、
著者・村尾隆介の発案ではじまったユニークな活動です。

【著者略歴】

村尾 隆介（むらお りゅうすけ）

小さな会社のブランド戦略を手がけるコンサルタント。スターブランド社（www.starbrand.co.jp ）の共同経営者・フロントマンとして全国をプロジェクトで飛びまわる。

弱冠14歳で単身渡米。ネバダ州立大学教養学部政治学科を卒業後、本田技研に入社。同社汎用事業本部で中近東・北アフリカのマーケティング・営業業務に携わる。退社後、食品の輸入販売ビジネスで起業。事業売却を経て現職。その成功ノウハウを、小さな会社やお店に提供している。

「拡大志向ではなく、しあわせ志向の起業術」「パーソナルブランドの大切さ」などのメッセージを説く講演会・セミナーは年間100本を超え、そのエンタテイメント性の高さとわかりやすさから、全国にファンやリピーターが実に多い。社会活動にも熱心に取り組む、スポーツをこよなく愛すアスリート。優れた国際感覚を持ち、世界中に友人がいる。

自分ブランドに関する書籍に『あたりまえだけどなかなかできない29歳からのルール』（明日香出版）、『My Credo（マイクレド）』（共著、かんき出版）などがある。『小さな会社のブランド戦略』（PHP）は、2009年に土井英司氏のビジネスブックマラソン大賞に選ばれた。

公式ウェブサイト　http://www.ryumurao.com/

ビジネスは、毎日がプレゼン。

平成23年3月7日　初版発行

著者　村尾隆介

発行者　中島治久

発行所　同文舘出版株式会社
東京都千代田区神田神保町1-41　〒101-0051
営業(03)3294-1801　編集(03)3294-1802
振替 00100-8-42935　http://www.dobunkan.co.jp

 ISBN978-4-495-59271-4
印刷／製本：萩原印刷　Printed in Japan 2011